スキンケアで肌を毎日いためていませんか？

こすらなければ、美肌

石井美保

はじめに

顔がくすんでいる

シミが増えた

シワ・たるみが気になる

老けるのがこわい……

誰でもできて、今日から始められる解決法をお教えします

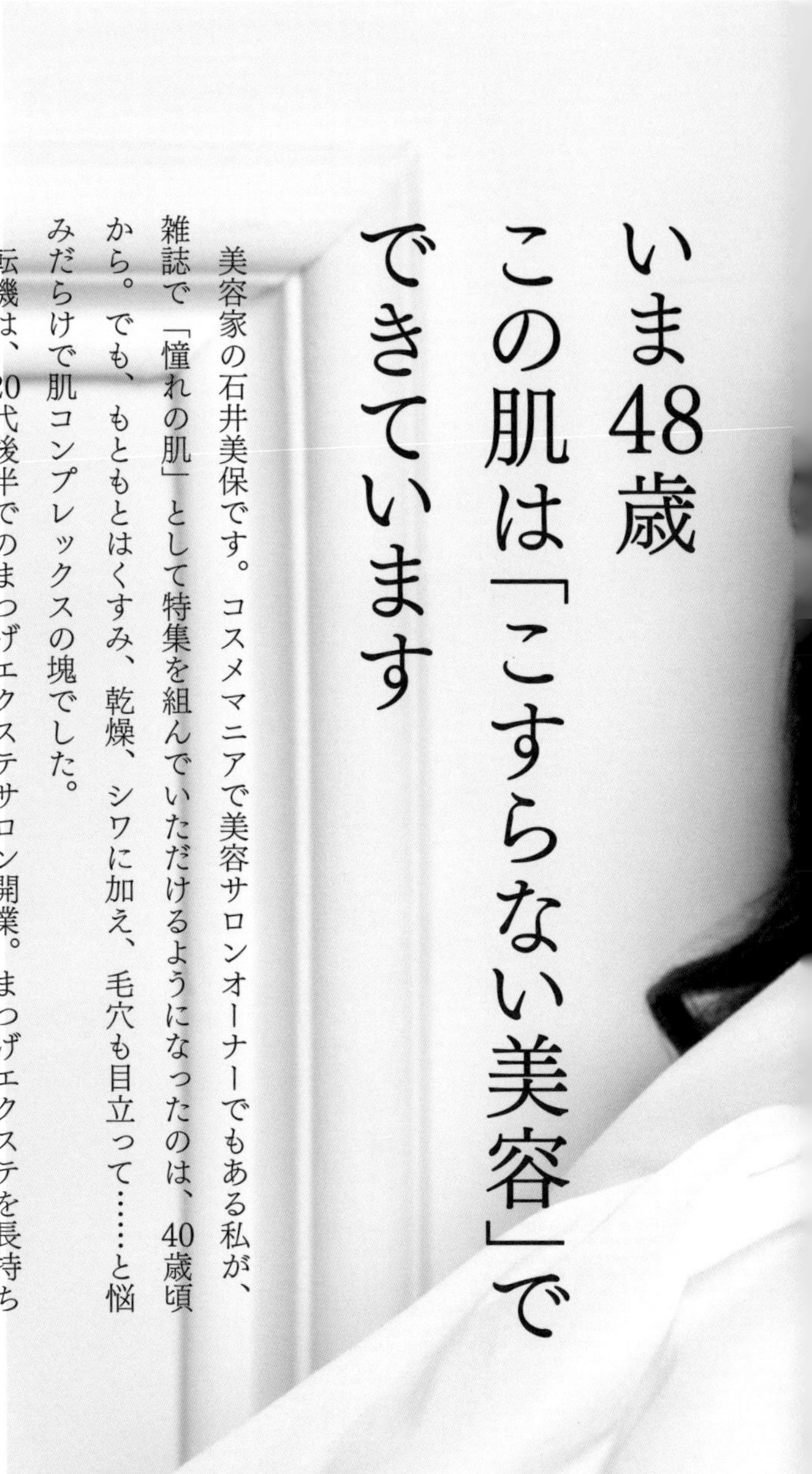

いま48歳
この肌は「こすらない美容」で
できています

美容家の石井美保です。コスメマニアで美容サロンオーナーでもある私が、雑誌で「憧れの肌」として特集を組んでいただけるようになったのは、40歳頃から。でも、もともとはくすみ、乾燥、シワに加え、毛穴も目立って……と悩みだらけで肌コンプレックスの塊でした。

転機は、20代後半でのまつげエクステサロン開業。まつげエクステを長持ちさせるために、顔の洗い方を研究し、ゴシゴシ無造作に洗っていたのを、エクステが取れないようにそーっと洗うように。するとたった1週間で肌の赤みが引き、目元のシワまで激減。偶然の産物である「こすらない洗顔」で、どんどん肌悩みが消えていったのです。そこからは「こすらない美容」を徹底。それを広めることが、美容家としての使命だと感じています。

「こすらない」で肌が変わる人続出!

サロンのお客様やフォロワーのみなさんに起きた変化

主宰するサロンでのカウンセリングや美容雑誌の企画などで私の提案する「こすらない美容」を信じて実践してくれた方は、必ず変化を実感。書籍やSNSを通して「こすらない美容」を知り、試した方からも、うれしいお言葉が届いています。

洗顔やクレンジングをはじめ日常習慣に至るまで、日々「こすらない」ことを意識して過ごすことで、赤みが消え、透明感がアップ。次第に乾燥を感じなくなり、キメが整って、毛穴も気にならなくなります。中にはリフトアップして小顔になるというケースも。肌荒れしなくなった、ニキビができにくくなったというお声もいただきます。さらには、何年も続けた結果、年齢を重ねているのに若返っている方もいらっしゃいます。

そして、もうひとつ。「前向きな気持ちになった」「清々《すがすが》しく

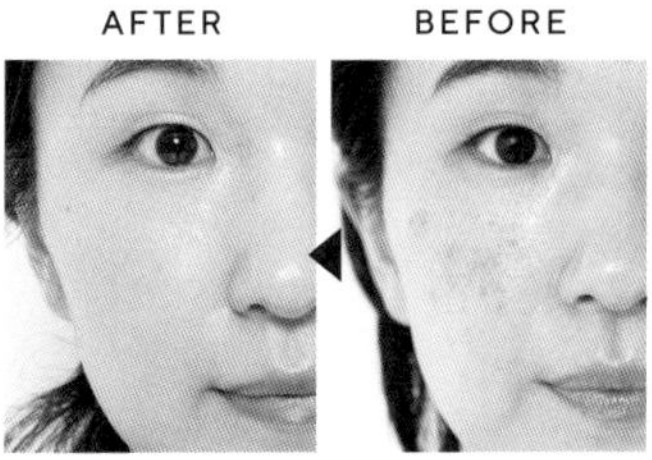

赤みが消えたのに加え、セルフケアで改善は難しいと言われている毛穴も、約半年で目立たなくなった。

サロンでも雑誌でもまずはカウンセリング。日々、無意識に起こしている摩擦を明らかにし、防止策を提案。

生きられるようになった」という方が、とても多いんです。実際にお会いすると、表情が以前よりイキイキとしています。美容を通して人生まで変えられる。そのお手伝いをすることが、私にとってまさに生きがいです。

これまで2000人の肌をみてきました

中には10年近く肌をみさせていただいている方もいますが、
もともと抱えていた肌悩みが改善しているだけではなく、
年齢を重ねるほどに、確実に肌がキレイになっています。
それは、若い方に限らず、どの世代でも言えること。
こする行為をやめるだけで、悩みは解消し、肌は見違えるのです。

「こすらない」で老化を遅らせることができます！

美容家という仕事柄、化粧品メーカー各社の最先端の肌老化研究について詳しく学ぶ機会があります。その中で明らかになってきたのが、「老化の始まりは炎症である」ということ。炎症といえば肌荒れのイメージが強く、私自身は敏感肌ではないのであまり意識してきませんでした。でも実際は、赤みなど目に見える変化はなくとも肌の中では炎症が起こり、そこを起点にシミやくすみの原因となる黒褐色の色素・メラニンが増え、シワやたるみ、毛穴目立ちに繋がるコラーゲンの破壊が進んでいく。この事実を知ったとき、「こすらない美容は老化予防にもなる」と確信。なぜなら、「こする行為＝摩擦」は炎症を起こす原因であり、「こすらない美容」は炎症を起こさないケアだから。私自身、長年通うクリニックの先生から「肌が若返っている」と認めていただけているのは、まさに「こすらない美容」の賜物なのです。

Contents

第3章 「こすらない」保湿

第4章 メイクでも「こすらない」

第5章 「こすらない」マッサージ

美容医療は
“魔法”ではありません

美容医療、もちろん「あり」です。私自身、月１回、肌状態に合わせたレーザーの治療を続けていて、その効果を実感しています。一方で、即時的な効果に対してダメージの比重が大きいと感じる場合は、将来的にマイナスになると考えて手を出さないようにしています。また、美容医療だけでは魔法のように若返れないのも事実。リフトアップの施術をしても、肌がヨレヨレしていると老けて見えるもの。ふっくらとしたハリをつくるのは、やはり日々のケアなのです。ちなみに「正しいスキンケアを積み重ねている人は、美容医療を受けたときに飛躍的な伸びしろがある」というのは信頼するドクターの言葉。美容医療が効く肌にするためにも毎日の「こすらない美容」は重要なのです。

コスメは価格ではない あなたが気持ちよく続けられる ものが正解です

肌が改善しないのはコスメのせい。高額コスメをつかえば変わるはず。そう思っていませんか？　でも大切なのは「何をつかうか」よりも「どうつかうか」。なので、この本のメインは、つかい方＝「こすらない美容」に絞りました。コスメは一部を除きほとんど紹介していません。とはいえ、「何をつかうか」迷いますよね。実はコスメ選びの第一の条件は、自分が心地よいかどうか。最近では感触や香りなどの五感が肌にいい作用を及ぼすことが科学的にも証明されています。また、ケチらずつかうことも摩擦を防ぐうえで重要。コスメの効果を存分に味わうには、無理なく続けられる価格も大切です。

BEAUTY
LESSON

第1章

「こすらない」ってどういうこと？

私たちは日々、知らないうちに肌をこすっています

肌をこすっていませんか？　そう聞かれて、みなさん思い当たることはありますか？　たとえば、洗顔。たっぷりの泡をつかっているので大丈夫という人。毛穴詰まりを取り除こうと、何度もゴシゴシしていませんか？　洗顔後、顔をふくときにタオルを上下に動かしていたら、それはこすっています。今は「摩擦レス」という言葉が定着してきたのもあり、「そのあたりはクリアしています」という方も

いるかもしれませんが、では、化粧水や乳液をなじませるときはどうでしょうか？　ファンデを塗るときに何度も指をすべらせたり、チップをグイグイまぶたに食い込ませてアイシャドウを塗ったりしていませんか？　無意識に顔を触ったり、頬杖をつくのも摩擦を起こしますし、横向きで寝るのも肌をこする可能性大。そう考え出すと、「何もできない！」と嘆きたくなるかもしれませんが、大丈夫。できるところから、こする行為をひとつずつなくしていくだけでいいのです。その日々のちょっとした積み重ねが、10年後、20年後の肌に大きな違いをもたらします！

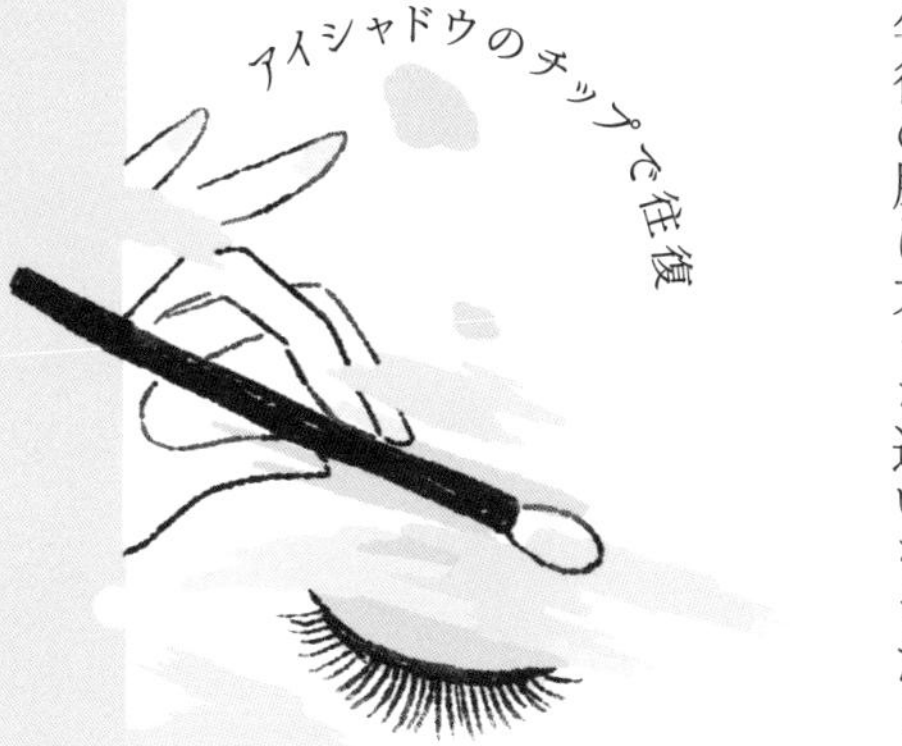

こすると肌で何が起きる？

肌をこすることで、まず肌表面にあるバリアが壊れます。すると、肌の中に抱え込まれていた潤いが、どんどん逃げていくため乾燥します。また、壊れたバリアの隙間から、紫外線や乾燥、摩擦などの刺激が肌の中へ入り込みやすくなり、炎症が発生。その炎症がさらにバリアを壊し、乾燥も炎症も悪化させるという負のスパイラルに突入します。また、炎症は、赤みや肌荒れ、ニキビの原因となるのに加えて、シミやくすみ、クマの原因となる黒褐色の色素＝メラニンを必要以上に増やすスイッチをオン。肌のハリや弾力を支えるコラーゲンなどを分解する酵素も増やすため、シワができ、たるみ、ほうれい線が深くなるといったフォルム的な変化や毛穴目立ちを引き起こすなど、その影響は全方位に及ぶのです。反対に、こすることをやめれば、これらの負の連鎖がストップ。肌の悩みがひとつ、またひとつと消えていき、どんどん肌状態が改善。こすれば肌トラブルが多発、こすらなければ健やかで美しい肌になれるのです。

こするのをやめたらこんな変化が！

- ✓ 乾燥しなくなる
- ✓ 毛穴が目立たなくなる
- ✓ 赤み・くすみが改善
- ✓ ニキビが改善
- ✓ ほうれい線がうすくなる
- ✓ クマがうすくなる
- ✓ 小ジワが消える

CHECK!

スキンケアやメイクのとき
「肌が動いていないか」をチェック

こすっていない

手を動かしても肌表面が動いていないなら、摩擦ゼロ。肌を包み込むように触れる、肌に対して垂直方向に軽く力を加えるのはOK。

こすっている

肌にあてた手を縦、横、斜めと動かすのに伴い肌表面が動いて引っ張られたり、シワがよったりするのは、こすっている状態！

「こするのをやめた」だけでここまで変わった!

劇的ビフォーアフター

スキンケアやメイク、日常生活で「こすらない」ことを意識して1ヵ月。
年齢にかかわらず、つかうコスメを変えずとも、肌は変えられるんです!

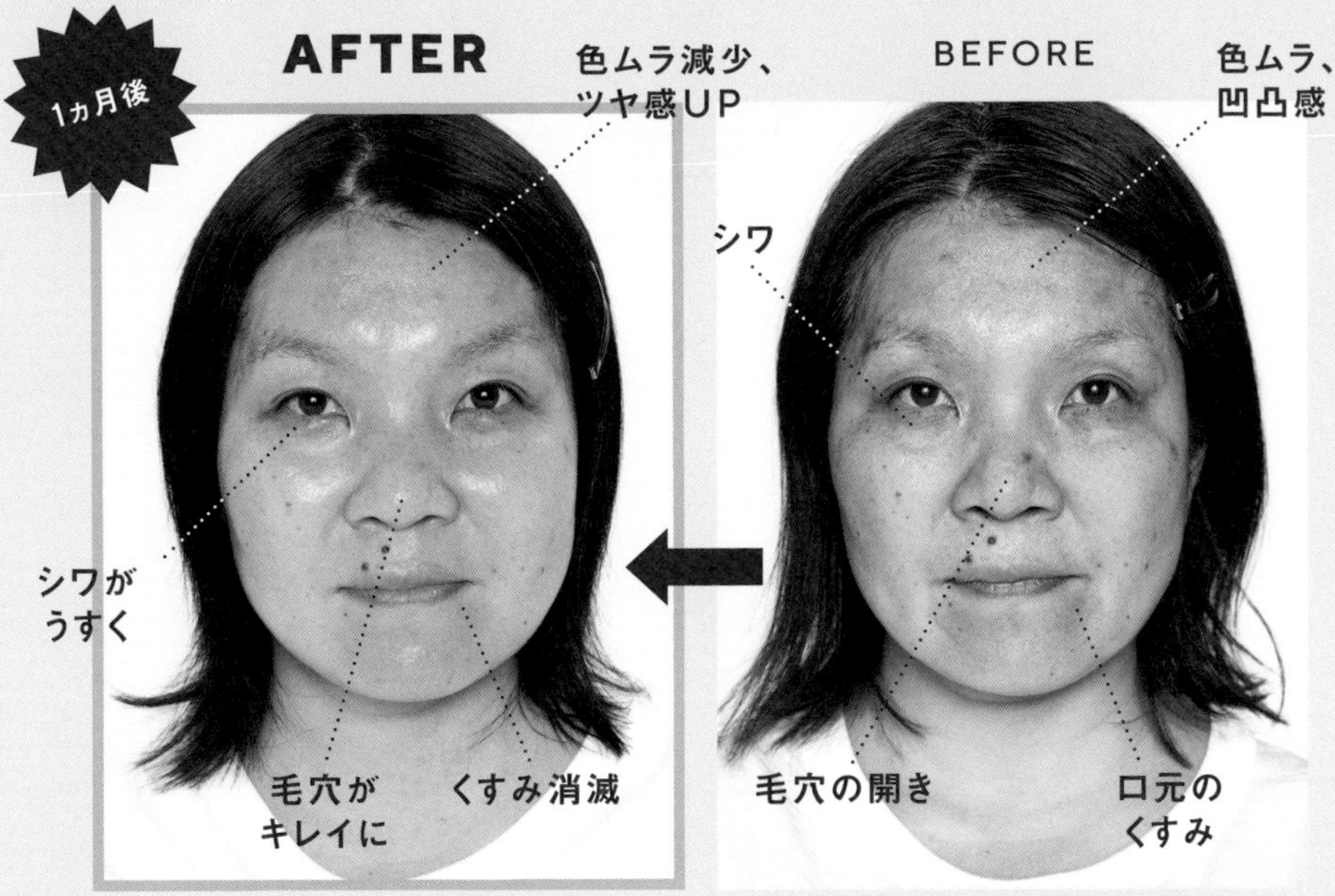

会社員 Aさん (48)

スキンケアもメイクもこすらないを徹底したら

色ムラが消えて、目立つ毛穴も激減!
シワまで改善し、見た目印象-10歳

とにかくこすっていたという洗顔、スキンケア、メイク。すべてをやさしくやるよう徹底したところ、ゴワゴワしていた肌が吸いつくようにしっとりとして、毛穴まで目立たなくなった。1ヵ月後には目の下のシワも消えて、友人からは「若返った!」と言われるように。

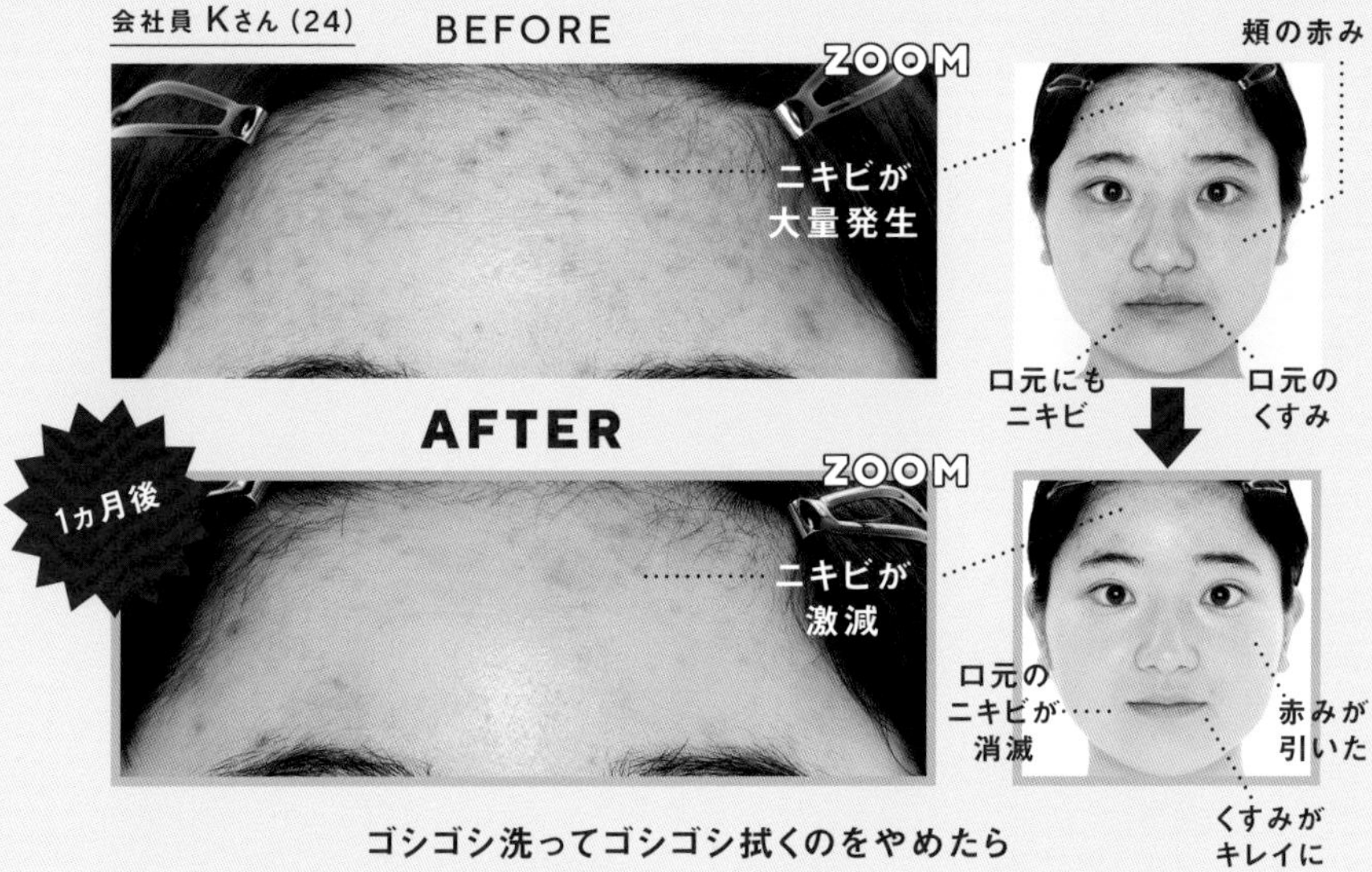

ゴシゴシ洗ってゴシゴシ拭くのをやめたら

ニキビだらけだった額がつるん！
顔全体の赤みも引いて、明るいツヤ肌に

ゴシゴシ顔を洗ってゴワゴワのタオルで拭くという洗顔習慣をあらため、「３秒ラップ」（P58）での保湿をスタート。肌に触れるたびに「なんか違う」と感じ、気づけば諦めかけていた額のニキビが激減。くすみや色ムラも大幅に改善し、肌全体にツヤが出てトーンアップ。

11ヵ月続けたら、黒ずみ毛穴も大改善！

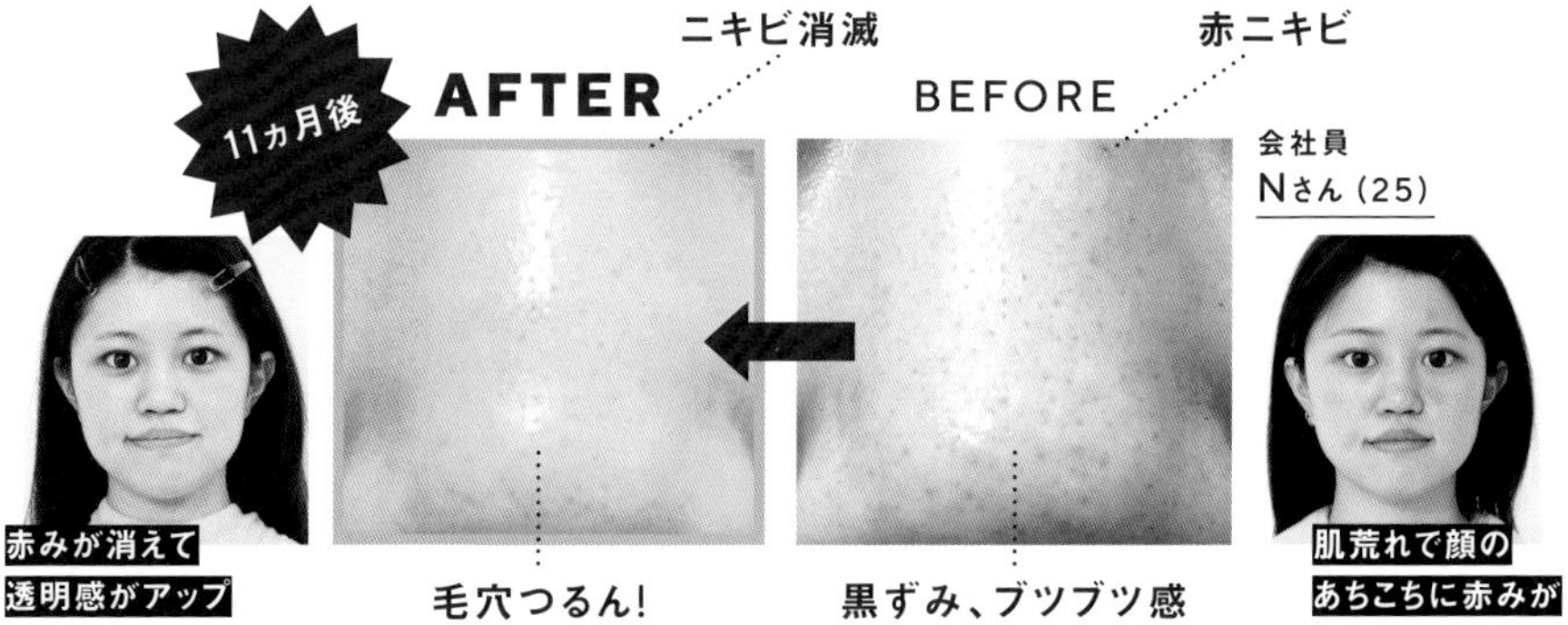

毛抜きで角栓を引き抜いたり、毛穴が気になるあまりゴシゴシ洗ったり触れたりと、肌に刺激を与えまくる日々を一新。クレンジングから保湿まで「こすらない」を徹底した結果、１ヵ月で肌が柔軟になって毛穴が目立たなくなり、11ヵ月後にはファンデ不要の肌に。

BEAUTY
LESSON

第2章

洗顔で「こすらない」

極度の乾燥肌、開き毛穴に悩んできました

私の肌はクレンジングで生まれ変わりました

もともと日焼け肌に悩んでいた私は、中学生の頃から夢中でスキンケアしていました。でも、年々乾燥がひどくなり、毛穴は開く一方。20代で高級クリームに手を出しましたが、まったく改善する気配なし。写真に写るのが大嫌いで、いつも避けていました。でも、まつげエクステのサロンを始めるために、まつげエクステが取れないようにとそっとクレンジングをするようになったところ、肌が激変。理由を追究した結果、たどりついたのが「こすらない」ことでした。思えば、開いた毛穴やくすみを隠すために、ファンデを厚塗りして、それを落とすためにゴシゴシこする日々。毛穴の詰まりもついでに落とそうと指でくるくるとこすり、食器の油汚れを落とす要領で熱いシャワーを直当てして洗い流し、それでも落ちないアイメイクはタオルの角でぬぐい去っていたので

す。偶然ではありますが、まつげエクステをきっかけにそれらをすべてやめた結果、乾燥やくすみ、毛穴、シワが次々に改善。さらにW洗顔（クレンジングの後に洗顔すること）不要の泡クレンジングを開発したことで、クレンジング＋洗顔の2ステップが1ステップで済むようになり、肌をこする機会が一段と減ったのです。すると、素肌に透明感やツヤが出て、隠す必要がないからファンデも自然とうすくて済むように。肌にいい循環が生まれたのです。

じつは極度の乾燥肌＆色黒で肌に自信がありませんでした
隠したい
イヤ〜ン
オイルでゴシゴシクレンジング
ファンデ厚塗り
とにかくカバー！
そんな日々で20代後半には…
毛穴が開いてくすみがひどく乾燥も進んでカピカピに
NO〜〜！
そんな肌がコンプレックスで友達との写真撮影も逃げまくり！
撮るよ〜
エッ??
イエ〜イ♡
ササ〜…
その頃まつげエクステサロンを開業することに
Open!
エクステが取れないようにオイルクレンジングはやめよう…
洗い方もそーっとそーっと
ミルクでこすらないように…
そ〜…
1週間後…！
あれ??肌が乾いてない!!
くすみも改善しているし…！
開き毛穴も目立ちにくくなってきた！

持ち前の凝り性発動で洗い方の研究スタート
これは何かある
GO
GO!
なるほど！
そーっとそーっとこすらないことが大事なんだ！
洗顔も刺激を避けるには…たっぷりの泡で押すように洗えばいい！
そ～
さらに肌へのやさしさを追求
ミルク？
ジェル？
ああでもない
こうでもない
メイクのオフも…
クレンジングも洗顔も泡でいっぺんに押し洗いできたらいいのに！
off…
ゆっくりそ～っと
そしてオリジナルの「泡クレンジング」を開発
パーフェクショネール
体験をもとに『一週間であなたの肌は変わります』という本も出してヒット！
みんなに伝えたい！
一週間であなたの肌は変わります
ニキビが治ってる～
乾燥がおさまった
ほうれい線がうすくなってる
美肌に生まれ変わった喜びの声が続々！
私も幸せ！

を理解しましょう

1 **クレンジング** は メイクを落とす

クレンジングがなじむとメイク汚れが勝手に浮き上がるため、全体になじませるだけでOK。毛穴詰まりや角栓まで落とそうと鼻まわりをくるくるしたり、指がすべるのを利用してマッサージしたりしがちですが、クレンジングは洗浄力が強め。肌に負担がかかるのでメイクオフのみを目的に。

▶p32〜詳しく解説

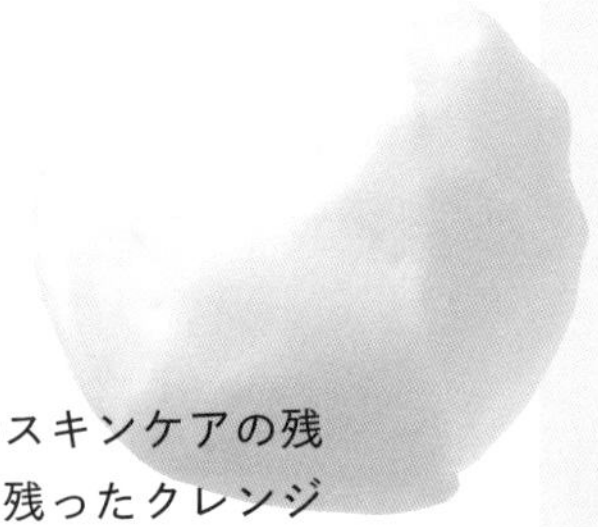

2 **毎日の洗顔** は 皮脂などを落とす

洗顔で落とすのは、酸化した不要な皮脂や夜のスキンケアの残りなど。クレンジング後、W洗顔して肌の上に残ったクレンジング剤を落とす役割もあります。泡がクッションとなって肌との摩擦を防ぎ、さらに毛穴やキメの間に入り込んで洗浄。泡の力で落とせるため、手を動かしてゴシゴシする必要は皆無です。

※W洗顔とは

クレンジング後に、クレンジングでは落としきれない汚れや、肌に残ったクレンジング剤をオフするために洗顔料を用いて洗うこと。

▶p40〜詳しく解説

まず3つの「洗う」

3 スペシャル洗顔は角質ケアや毛穴ケア

毎日の洗顔ですべてが落とせると考えてゴシゴシしがちですが、毛穴を詰まらせ、ニキビなどの原因となる古い角質や角栓などは、力ずくでも落とせないのが現実。また、オイルクレンジングで毛穴汚れを浮き上がらせようとくるくるする人も多いけれど、肌負担が大きく、かえって毛穴を目立たせる要因に。そこで取り入れたいのが角質ケアや毛穴ケア専用のスペシャル洗顔。毛穴の黒ずみやざらつきが気になるとき、気になる部分にだけ取り入れるのが正解です。

▶p49〜詳しく解説

目的をきちんと知って
洗うことで、肌負担なく
すべすべの肌に近づけます

こすらないクレンジング

1 肌を動かさない

メイクとなじませようと肌をグリグリしがちですが、これこそ摩擦。メイクとなじませるのに力は不要で、肌が上下に動いたり、横に引っ張られたり、シワがよったりしているなら、それはこすっています！

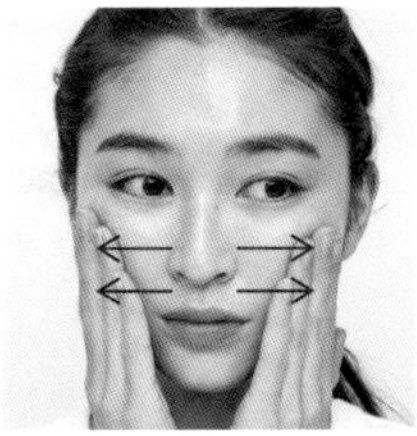

横に引っ張る

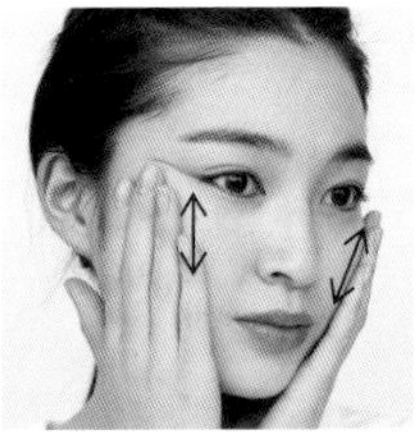

上下に動かす

2 指先だけではなく手全体を使う

肌にあたっている面積が狭くなるほど、強い圧がかかって肌を動かしがち。広い面を使うことで圧が分散し、やさしく触れられます。また一度に広範囲にリーチできるため、肌の上で手をすべらせる回数が減らせる点も◎。

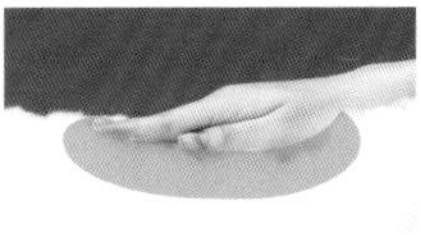

※綿を肌に見立てた実験

指先だけだと
力が一点に集中

手全体だと
やさしく均一に

細かい部分は
薬指と小指で

手全体を使います

3 たっぷりとって指にも手のひらにものばす

量が少ないと、肌との間に十分な厚みが確保できず、こすりがち。５００円玉大を目安にたっぷりの量を手全体に広げておくこと。

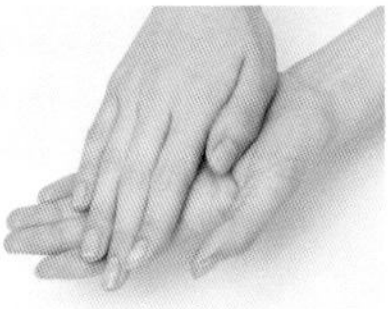

4 両手全体を使って やさしくなでるだけ!

指先で素早くくるくるしがちですが、頬や額など広い面は手全体で、目まわりや鼻、口まわりなど凹凸がある細かいパーツは力が入りづらい薬指と小指の腹で。面で触れるのを意識します。力を入れず、ゆっくりとやさしく肌をなでるようにすれば、メイクとなじみます。

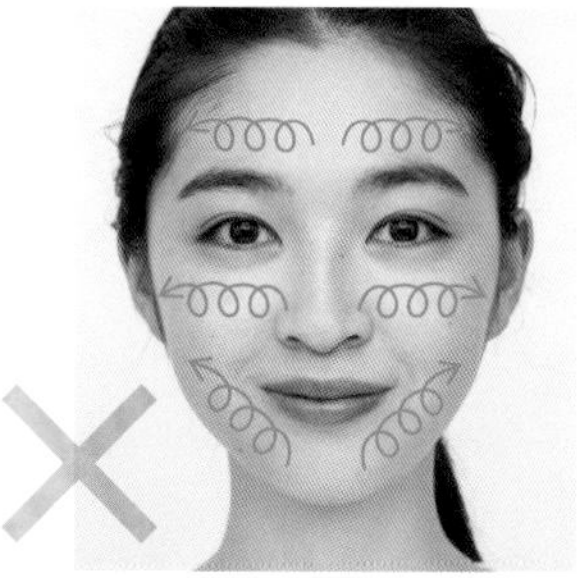

指先で“くるくる”はNG!

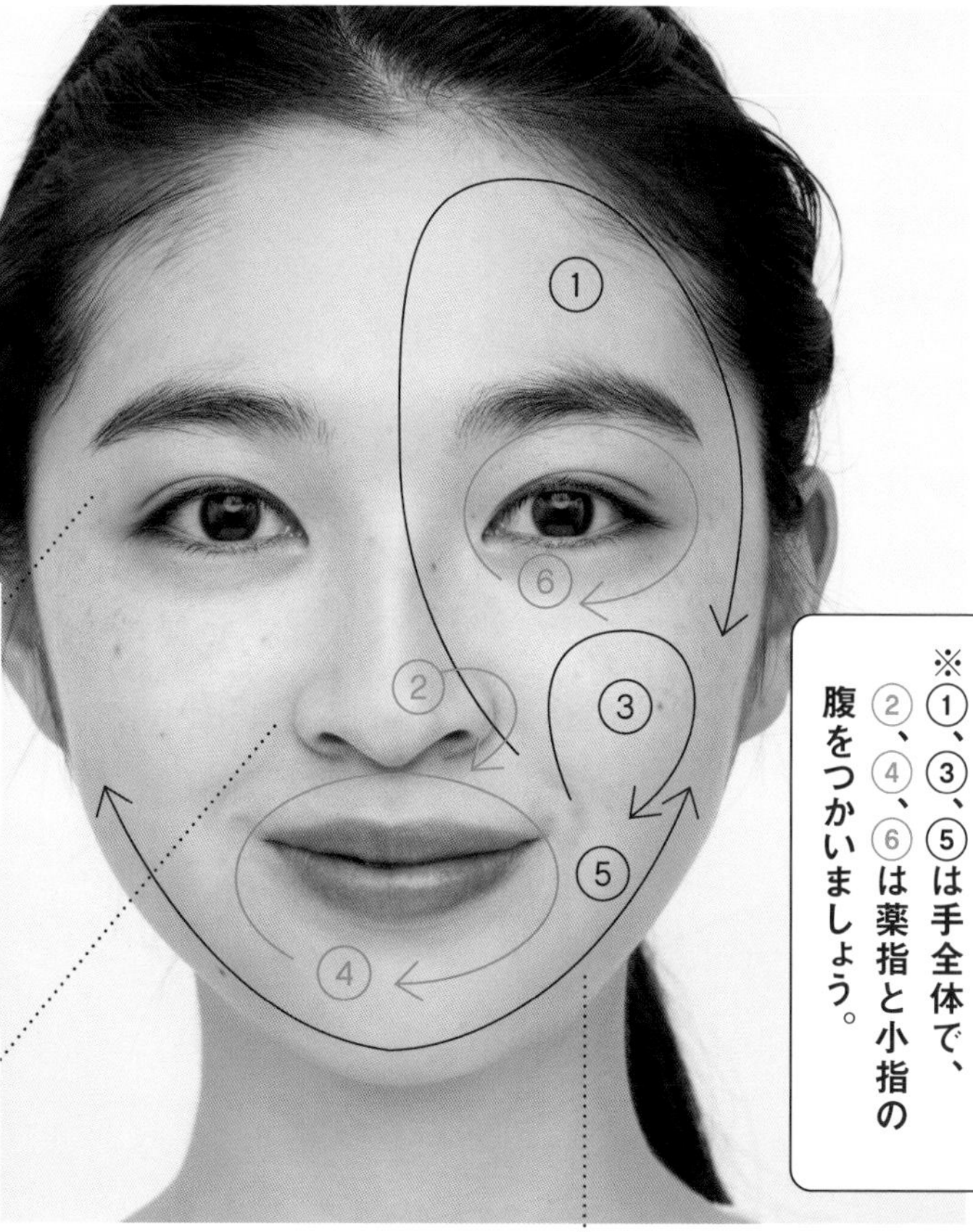

※①、③、⑤は手全体で、②、④、⑥は薬指と小指の腹をつかいましょう。

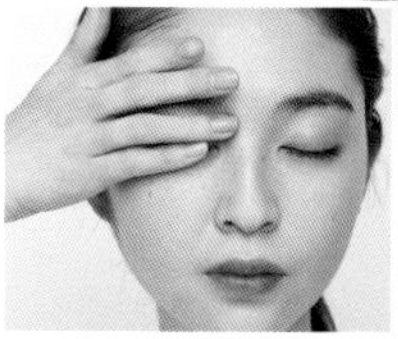

肌がうすく繊細な目元は、とくにやさしく。ゴシゴシせず力が入りづらい薬指と小指の腹でそっとなでて。

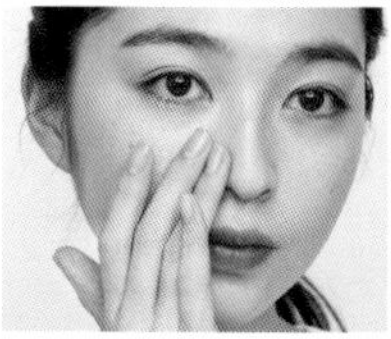

角栓が気になる小鼻まわりはグリグリこすりがちで、赤みや毛穴開きの原因に。指の腹でなでるだけが◎。

1エリア×3回を目安にゆっくりなでる

矢印にそって各エリア３回ずつゆっくりと手を動かして。なじみが足りない場合はさらに２～３回プラス。

クレンジングはどう選ぶ？

1 ベースメイクの落としにくさで選ぶ

クレンジング選びの第一の基準となるのは、下地やファンデなどのベースメイクの落としにくさ。基本的には、ハイカバー系や崩れ防止タイプは落としにくいので、もっとも洗浄力＝落とす力が強いオイルクレンジングが◎。うすづきの下地・ファンデや、日焼け止めのみならもっともマイルドなミルク、とつかい分けを。

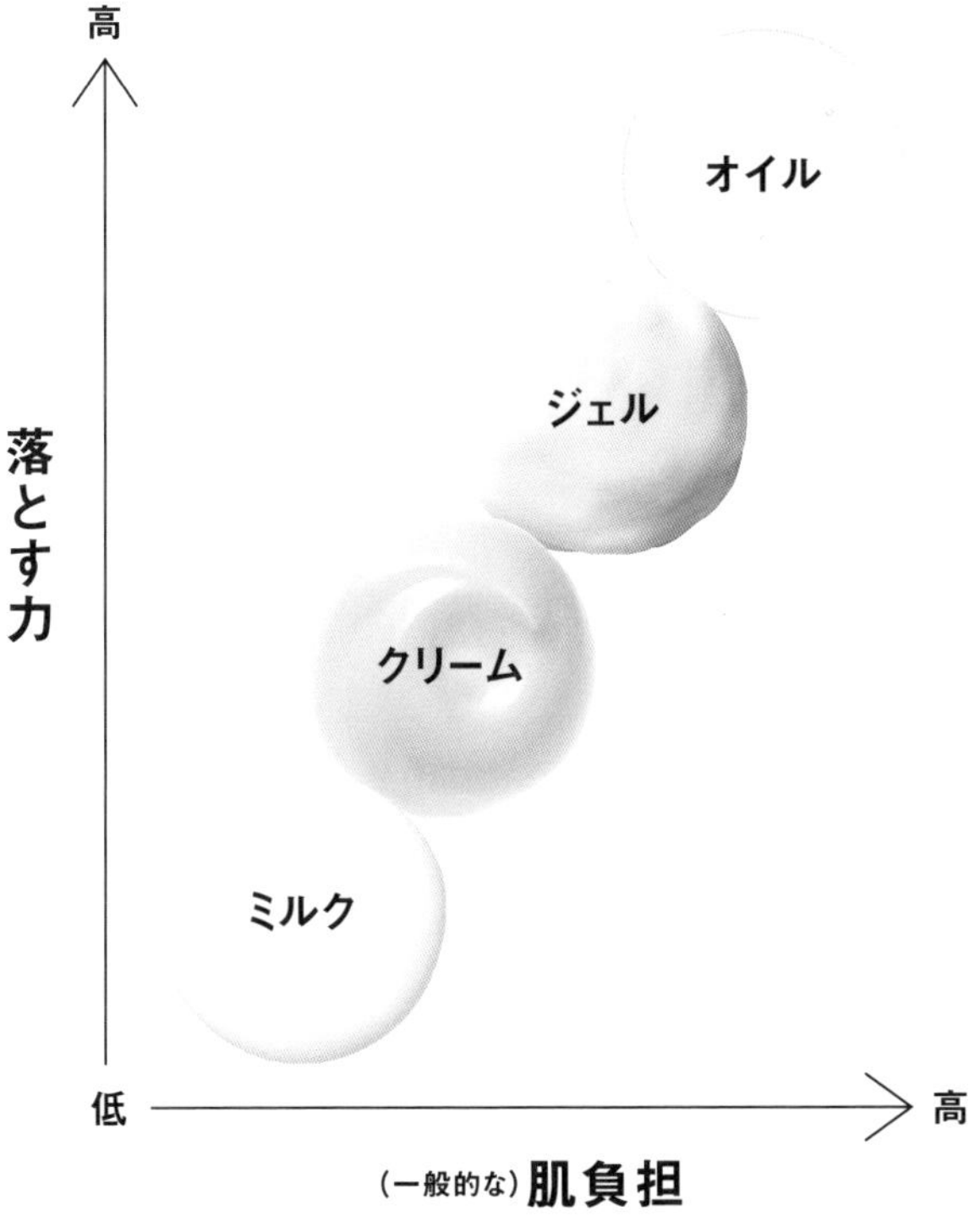

2 しっかり厚みのある テクスチャーのものを

肌と手の間でクッション的な役割を果たせるような厚みのあるものを選ぶことが大事。サラサラと水のようなテクスチャーのオイルなどは膜がうすく、肌をこすりやすいので、避けたほうがベター。

3 乾燥肌か脂性肌か

乾燥肌はただでさえ自前の油分である皮脂が少なくて乾きやすいため、より油分を取り除く力の強いオイルよりも肌にやさしいミルクが◎。逆に皮脂が多い脂性肌の場合は、オイルでもOK。

4 好みの使い心地のものを

香りや感触の心地よさを満喫したいと思うことで、面倒になりがちなクレンジングに前向きになれます。また、どのアイテムでも共通ですが、心地いいと感じることで美肌効果も期待できます。

します

私がリアルに愛用し、サロンのお客様にもすすめるのが、こちら。厚みがあるテクスチャーで潤い力が高いのが共通項です。

TYPE
クリーム

TYPE
ジェル

TYPE
オイル

E　D　C　B　A

C ドクターシーラボ
クレンジングゲル
スーパーセンシティブEX
120g ¥3135

クッション性の高いジェルが摩擦を軽減。敏感肌にも使える低刺激設計で、保湿成分もたっぷり。

B THREE
バランシング
クレンジング オイル N
185ml ¥4840

美容液のようなトリートメント力と精油の香りが魅力。軽やかなのに厚みのある使用感。

A アルビオン
エクシア ジョイ アリュール
クレンジングオイル
180ml ¥11000

オイルの中でも厚みがあり、摩擦ゼロでメイクオフが可能。あと肌にしっとり潤いが残る。

E SUQQU
リファイニング
ソフト クレンジング クリーム
130g ¥4730

ソフトなクリームが肌の上でふわっと崩れてメイクをキャッチ。洗い上がりはもっちりやわ肌に。

D KANEBO
メロウ　オフ　ヴェイル
160g ¥6600
／カネボウインターナショナルDiv.

とろけて素早くメイクになじむクリームとなめらかなジェルがひとつに。軽くなじませるだけでOK。

こんなクレンジングをおすすめ

TYPE
ポイントメイク用

TYPE
ミルク

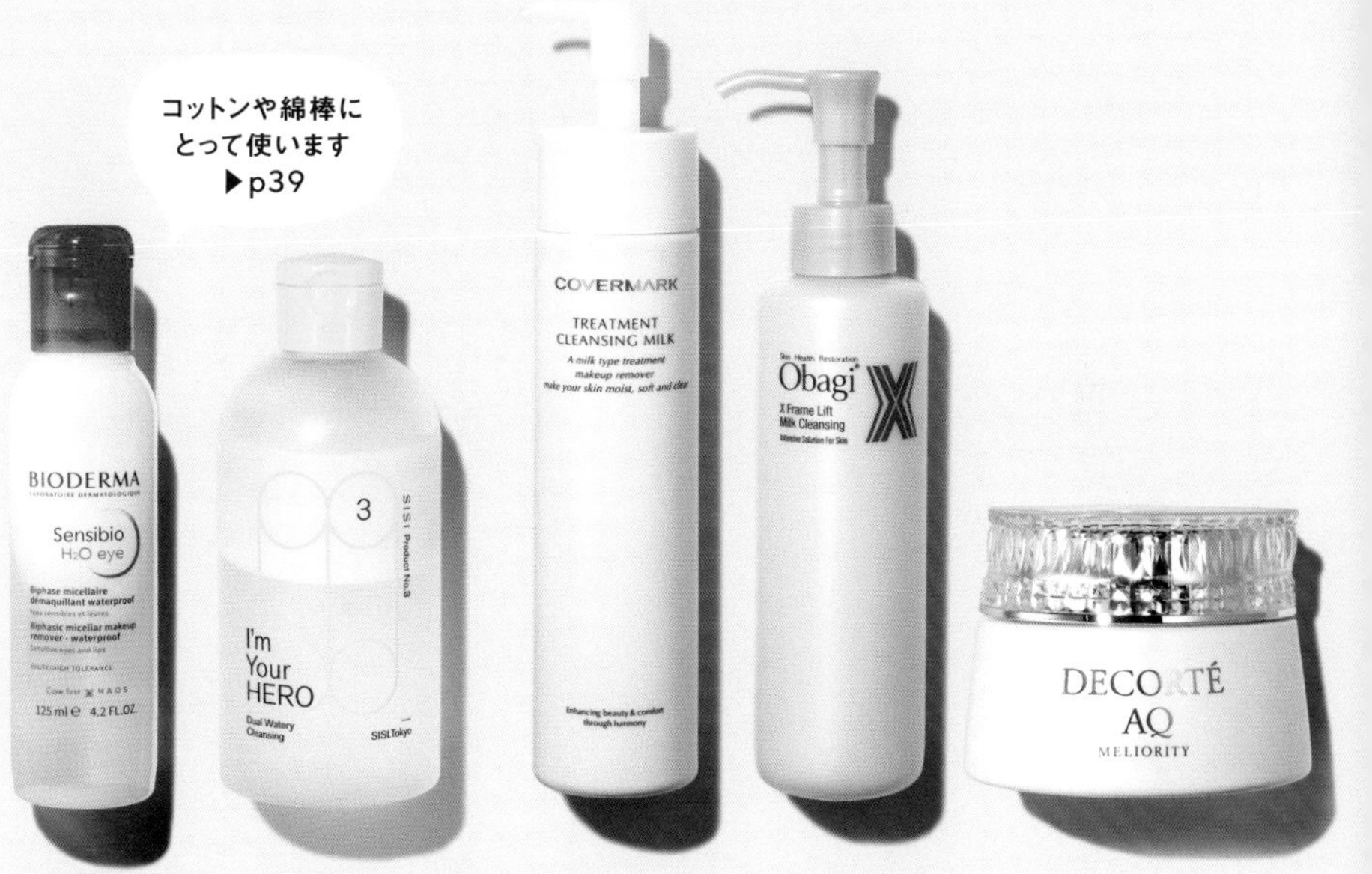

J　I　H　G　F

H　カバーマーク
トリートメント
クレンジング ミルク
200g ￥3300

肌をこすらずスッキリと落とせて
すすぎもスムーズ。ふっくらしっ
とりとする洗い上がりも魅力。

G　オバジ
オバジX フレームリフト
ミルククレンジング
130g ￥3850／ロート製薬

ハリを守ることに特化。メイクな
じみのよさとすすぎやすさにもこ
だわり、摩擦レスにオフできる。

F　コスメデコルテ
AQ　ミリオリティ
リペア クレンジングクリーム n
150g ￥11000

コクがありなめらかにのび広がる、
ケア効果に優れたクリームタイプ
の最高峰。肌疲れを感じる日に。

J　ビオデルマ
サンシビオ
エイチツーオー アイ
125ml ￥1980／NAOS JAPAN

肌を保護しながら、ウォータープ
ルーフやティント系メイクまでス
ムーズにオフできる。

I　SISI
アイムユアヒーロー
230ml ￥3980

コットンなどに含ませた後もクッ
ション性をキープ。しっとりとし
た肌あたりや柑橘系の香りも◎。

クレンジングの
疑問に答えます

Q. W洗顔すると乾燥します

A. W洗顔不要のクレンジングを選びましょう

クレンジング後の洗顔が不要なタイプなら、洗浄成分を肌にのせるのも、すすぎも１セットで済むため、肌に触れる回数が半減、すなわち摩擦リスクも半減。肌に必要な油分まで落としてしまうのも防げます。私自身、基本はこのタイプを愛用。より摩擦を減らして美肌を目指したい方にもおすすめしています。

コスメデコルテ
イドラクラリティ
マイクロエッセンス
クレンジングエマルジョン
200ml ¥3850

軽やかな乳液ベースでクリアな肌へとリセット。

パラドゥ
スキンケアクレンジング
120g ¥1320

メイクをスピーディに浮かせてオフ。プチプラながら美容液成分90％配合で、しっとりとしたあと肌をキープ。

パーフェクショネール
クレンジングフォーム
150ml ¥4708／
ISHIIMIHO.COM

石井美保プロデュースの泡タイプ。こすらなくても汚れを浮かせる洗浄力と泡ぎれのよさ、やさしさを網羅。

Q. 乳化させる工程は必ず必要？

A. 水に触れただけで乳化が始まるものがあります！

クレンジングと水をなじませて白濁させ、スムーズなすすぎを叶えるのが乳化。油分の多いオイルやバームは念入りになじませる必要があるものが多めでしたが、最近は水に触れるだけで乳化するタイプも増え、摩擦リスクを減らせます。

Q.「メイクとなじむ」がわかりません

A. クレンジングの色が変わります

メイクになじむと、クレンジング自体の色がファンデやメイクの色に影響されて変わります。ふっと軽くなるなど質感が変わるものも多く、これらの変化が、メイクとクレンジングがなじみ、すすぎに移行していいというサイン。クレンジング全体が同じ色や質感になったら、すぐに洗い流しましょう。

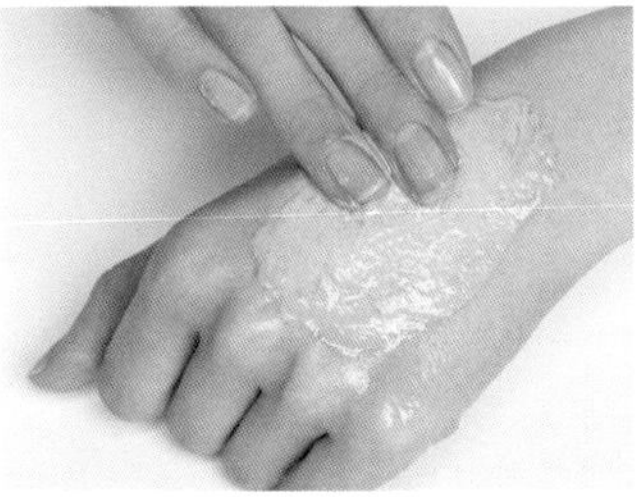

◀

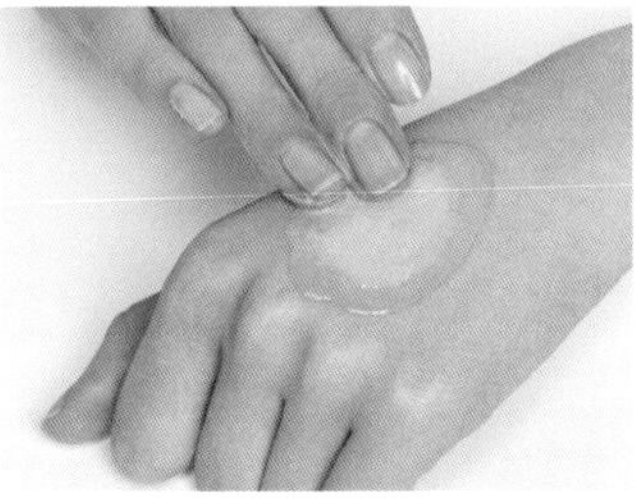

Q. ポイントメイクはどう落とす？

A. 綿棒やコットンにやさしくうつし取ります

お湯落ちマスカラはどうする？

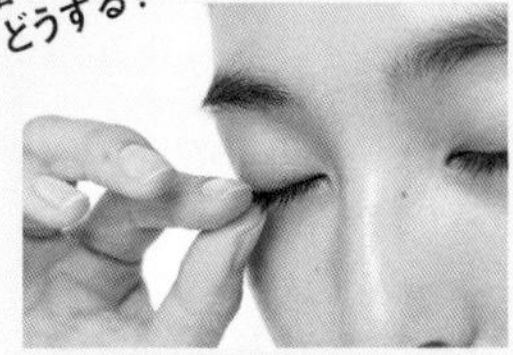

乾燥しやすいまぶたにお湯をかけるのはNG。指でお湯をまつげのみにつけ、ふやかしてオフ。

リップ

ポイントリムーバーをヒタヒタに含ませたコットンにうつし取って。コットンを動かすと摩擦になるので×。

アイメイク

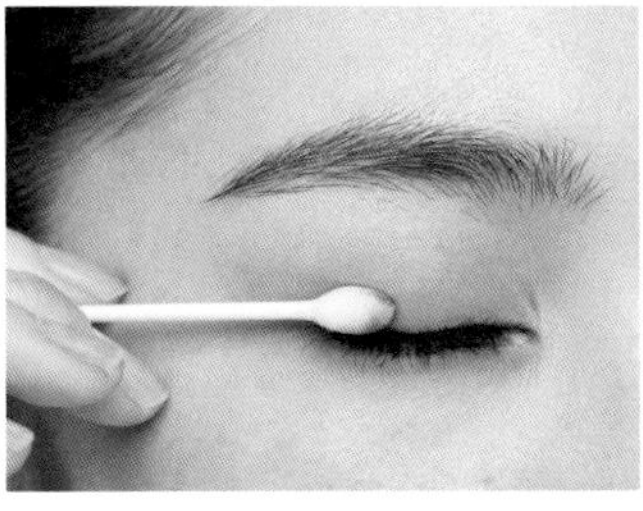

クレンジング後にメイクが残っていたら、綿棒にたっぷりリムーバーを含ませ、軽く押しあてて吸い取る。

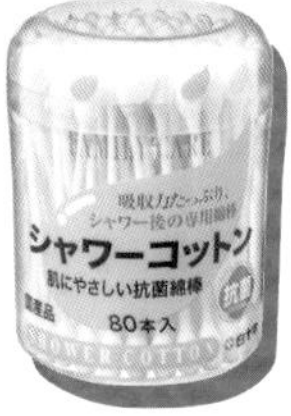

通常の約２倍の脱脂綿を使用。太めの紙軸綿棒。抗菌加工。FCシャワーコットン 80本 オープン価格／白十字

たっぷりの泡で洗顔していますか？

泡がたっぷり必要なのは、肌と手の間でクッション役を果たすため。洗顔時の摩擦を防いでくれます。また、汚れを浮かせて落とすのも泡の役割。そのためには、きめ細かくて高密度な弾力泡がピンポン玉3個分くらい、必要なのです。

しっかり湿らせたネットに
洗顔料をのせる

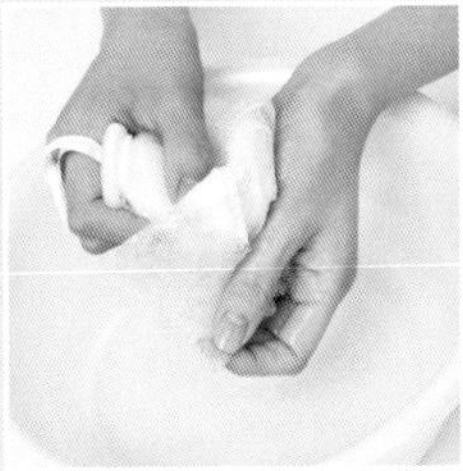

空気を含ませるように
ネットをぐるぐる

もこもこの泡ができたら
ネットからしぼり取る

朝も泡洗顔をおすすめします

就寝中に肌は汚れないし、洗うと乾燥するからと、朝の泡洗顔をパスする人もいますが、美肌になりたいなら、ぜひ朝も泡洗顔を。ただし、朝、落としたいのは、寝ている間に分泌された皮脂や汗、ついたほこり、そして夜のスキンケアの残りだけ。しっかり洗う必要はありませんが、残しておくと皮脂が酸化するなどして肌ダメージの原因に。またオフすることで、朝のスキンケアの浸透がよくなり、結果、肌がちゃんと潤います！

NG洗顔

顔の上で泡立てる

指を縦横にすべらせる

小鼻を指でくるくる

泡でパックやマッサージ

熱いシャワーで流す

使い古したタオルでふく

こすらない洗顔

たっぷりの泡で洗う ←

肌に対して垂直に押し洗い ←

手全体を使って泡を押す ←

すすぎ終わるまで1分以内 ←

冷たすぎない水で30回すすぐ ←

やわらかいタオルや布でそっと押さえる ←

基本の「モフモフ押し洗い」

泡はすべらせるのではなく、モフモフとバウンドさせて。肌と手の間に常に泡があるようにし、泡の圧で汚れを浮き上がらせます。

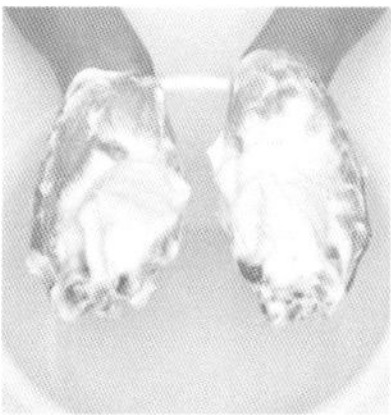

1

ピンポン玉3個分のたっぷり泡を両手に二等分に。

▼

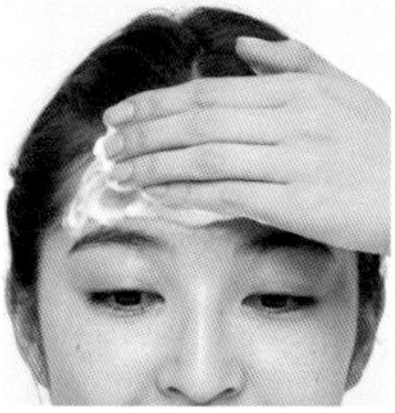

2

皮脂の多いエリアから泡をのせる。額とあご、鼻をモフモフ。

▼

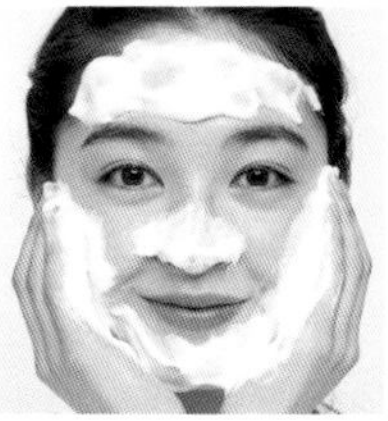

3

乾燥しやすい頬や目元は最後に。泡をのせていると刺激になるので、手早く！

指はそらさず
均一にモフモフ
肌ではなく
泡を押す!
泡をのせてから
すすぎ終わるまで
1分以内に!

乾燥肌なら「生クリーム洗顔」

乾燥肌は洗浄成分によって潤いを奪われがち。ホールケーキに生クリームを塗るように顔全体にサッとのせるだけの洗顔を。

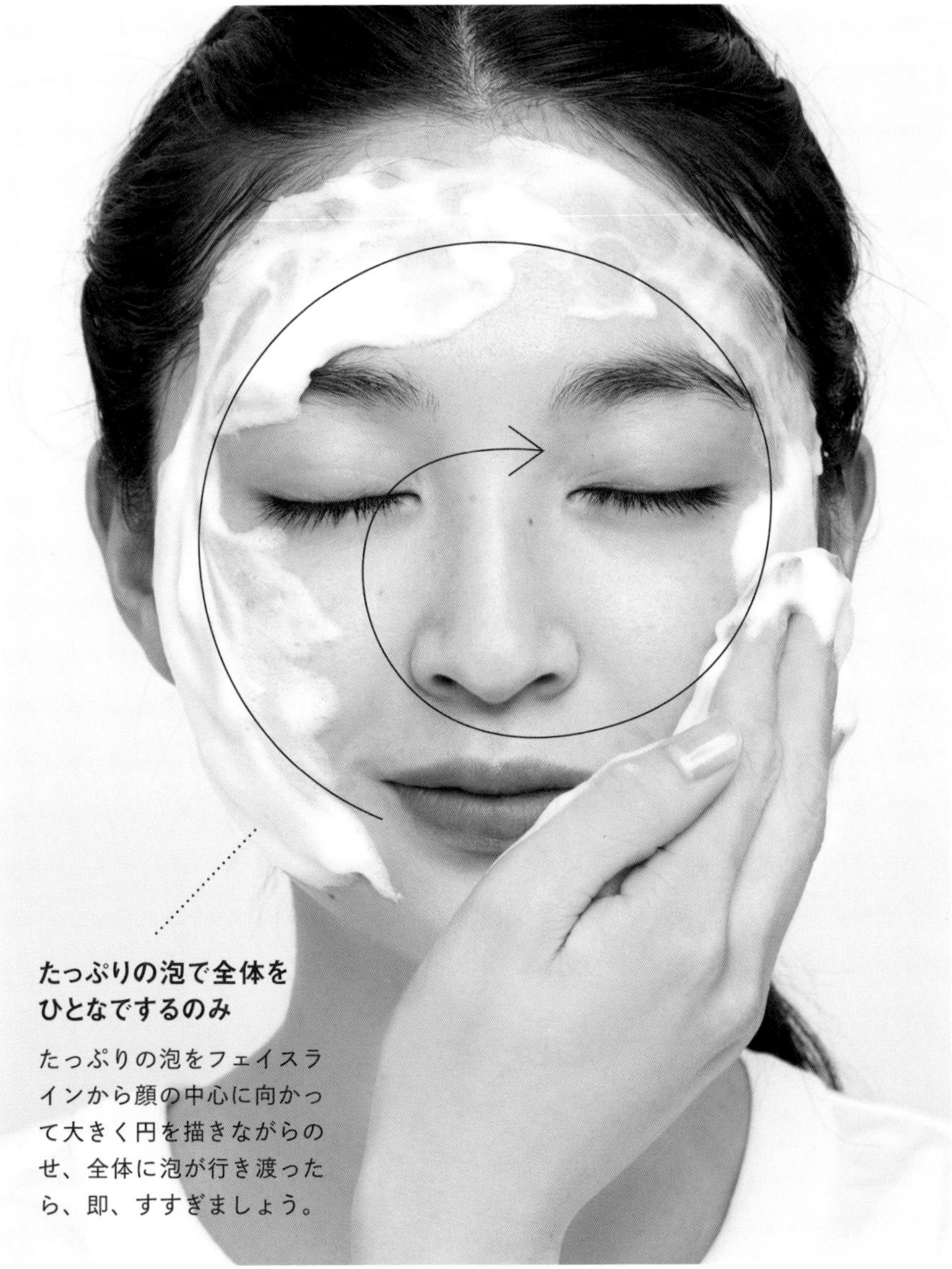

たっぷりの泡で全体をひとなでするのみ

たっぷりの泡をフェイスラインから顔の中心に向かって大きく円を描きながらのせ、全体に泡が行き渡ったら、即、すすぎましょう。

洗顔もクレンジングもすすぎにシャワーはNGです

その理由は、シャワーの水圧が肌をこすったのと同じような強い刺激を与えるから。また体にもかかるため、どうしてもお湯にしますよね？　お湯は油を落とす力が強く、肌に必要な油分まで奪いがちです。すすぎは手にすくった冷たすぎない水をやさしくあてるのが正解。顔の内から外へ手をすべらせるのも摩擦になるので避けましょう。

POINT

- ✓ 冷たすぎない水で
- ✓ 30回以上すすぐ
- ✓ サイドは横向きですすぐ

要注意　すすぎ残しMAP

すすぎが不十分で洗浄成分が残っていると、肌のバリアが壊れて炎症が起こり、トラブルの原因に。生え際や凹凸がある部分はとくに要注意です。

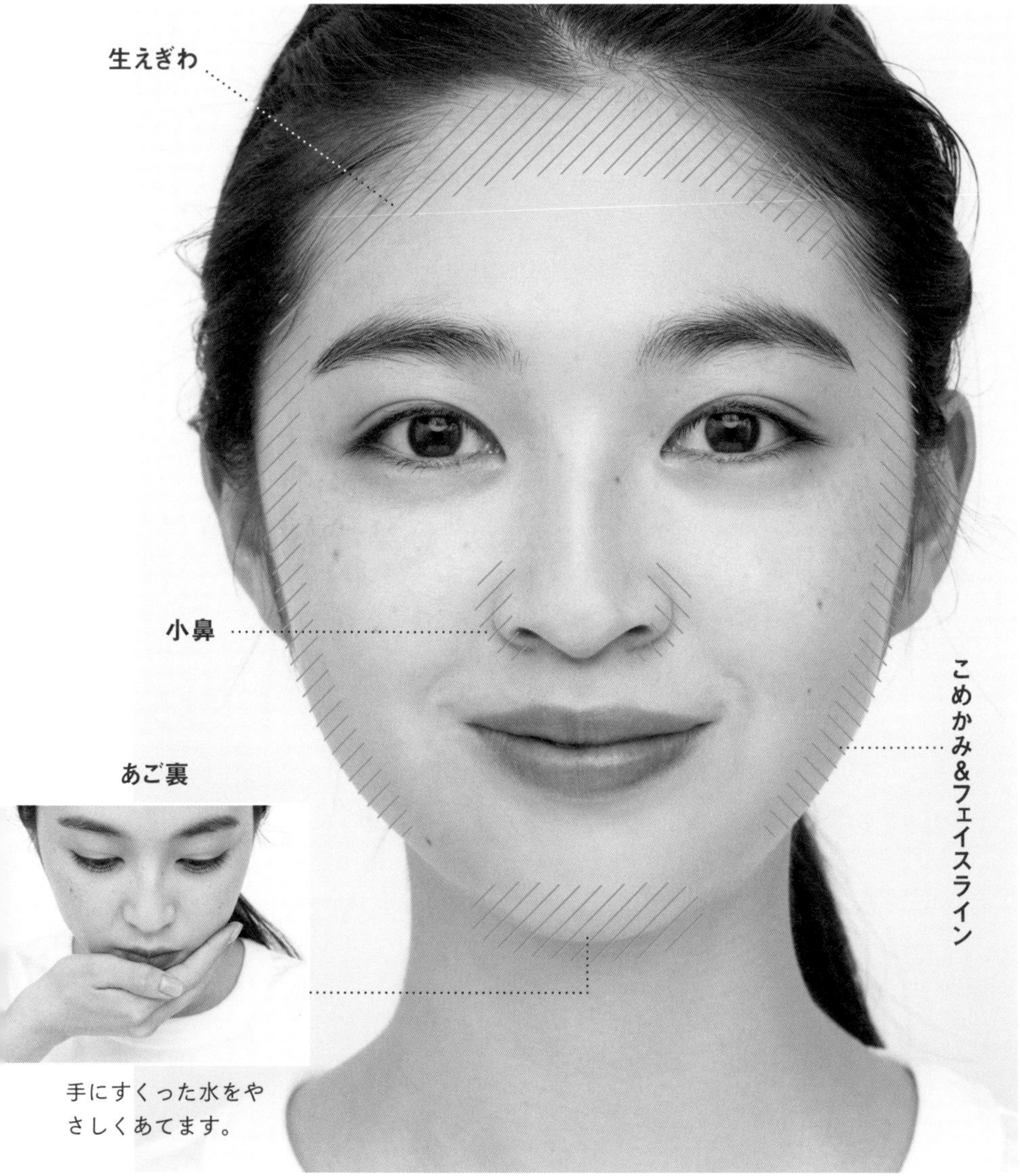

手にすくった水をやさしくあてます。

「ふく」をやめて「あてるだけ」に

水分をぬぐい取ろうとタオルを上下に動かしてゴシゴシふきがち。当然この行為は、こすることになります。また、一気に下から上へふき上げるのも摩擦そのもの。正解は、水分を吸い取ること。タオルを肌にやさしくあてて水分を吸収させたら、位置を変えて別のゾーンに。実際、この方法で肌が改善した人が何人もいるのです！

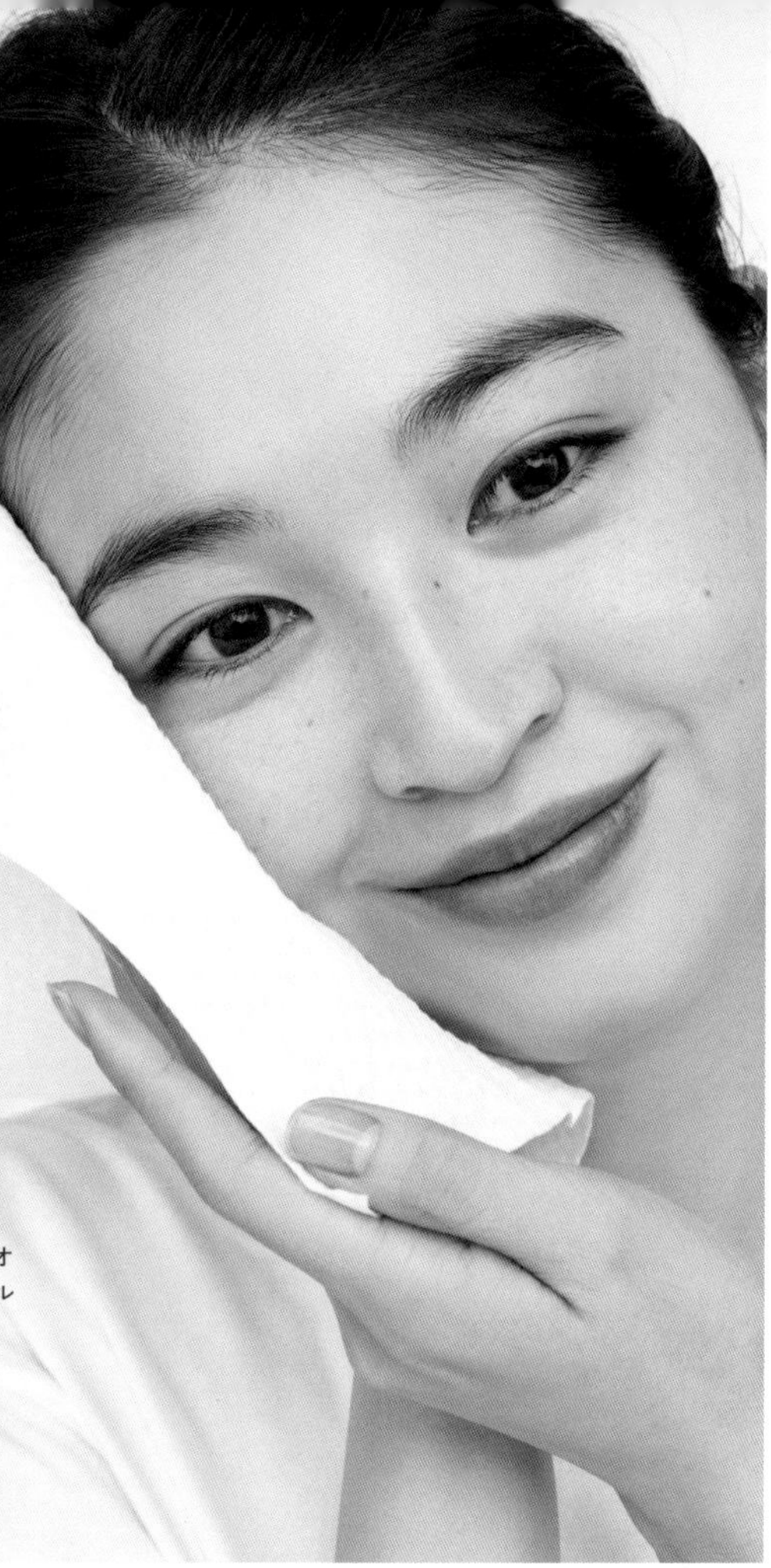

専用ペーパーも
おすすめ

吸水性の高い使い捨てのタオル。ITOフェイシャルタオル60枚 ¥495／アィティーオー

上下左右に動かすと
大きな摩擦に

角で無理やり汚れを
ぬぐっていませんか？

スペシャル洗顔

透明感を生み出す「スクラブ洗顔」と「毛穴ケア用洗顔」

毎日の洗顔では落としきれない毛穴の中の汚れや、くすみやメイクのりの悪さにつながる古い角質。はやく取り除きたいあまり、こすり取りたくなってしまうもの。そうならないように、気になったときだけ取り入れてほしいのが2種類のスペシャル洗顔です。まずは、スクラブ洗顔。スクラブの言葉のとおり、物理的にこすって古い角質を取り除くため、少なからず、摩擦は起きます。だから、やりすぎは厳禁。また毛穴ケア用洗顔は、角栓や詰まり、黒ずみに効果的。それぞれやり方にコツがあるので、次のページから詳しく説明します。

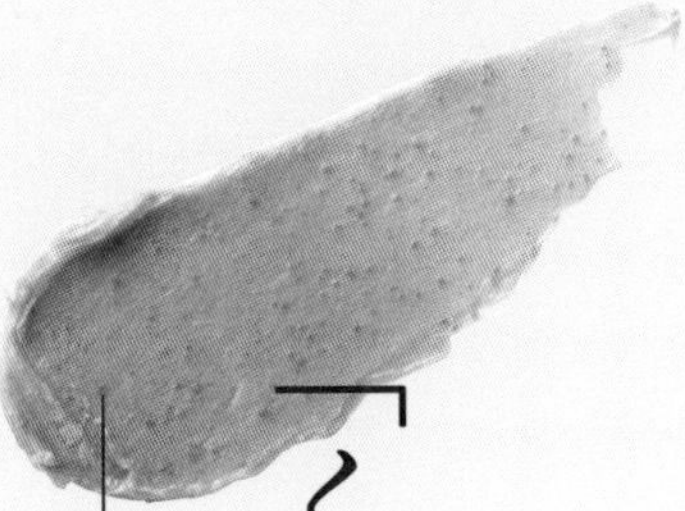

「くすみ」の正体は古い角質――スクラブ洗顔のススメ

くすみがひどかったり、肌に触れるといつもよりゴワッと硬い部分があったりする場合は、肌の生まれ変わりがスムーズにいかず、古い角質がたまっている証拠。そんなとき、私はスクラブに頼りますが、大切なのはつかい方。全顔にはつかわず、気になる部分だけにやさしくなでるようになじませれば、摩擦を最小限におさえられて、月に数回程度なら問題ありません。そのリスクよりも、潤い、なめらかさ、透明感、と美肌効果のほうがはるかに上回ります。

「保湿しても乾く人」
「化粧のりが悪い人」は
ぜひやってみて！

角質がたまりやすい場所はココ!

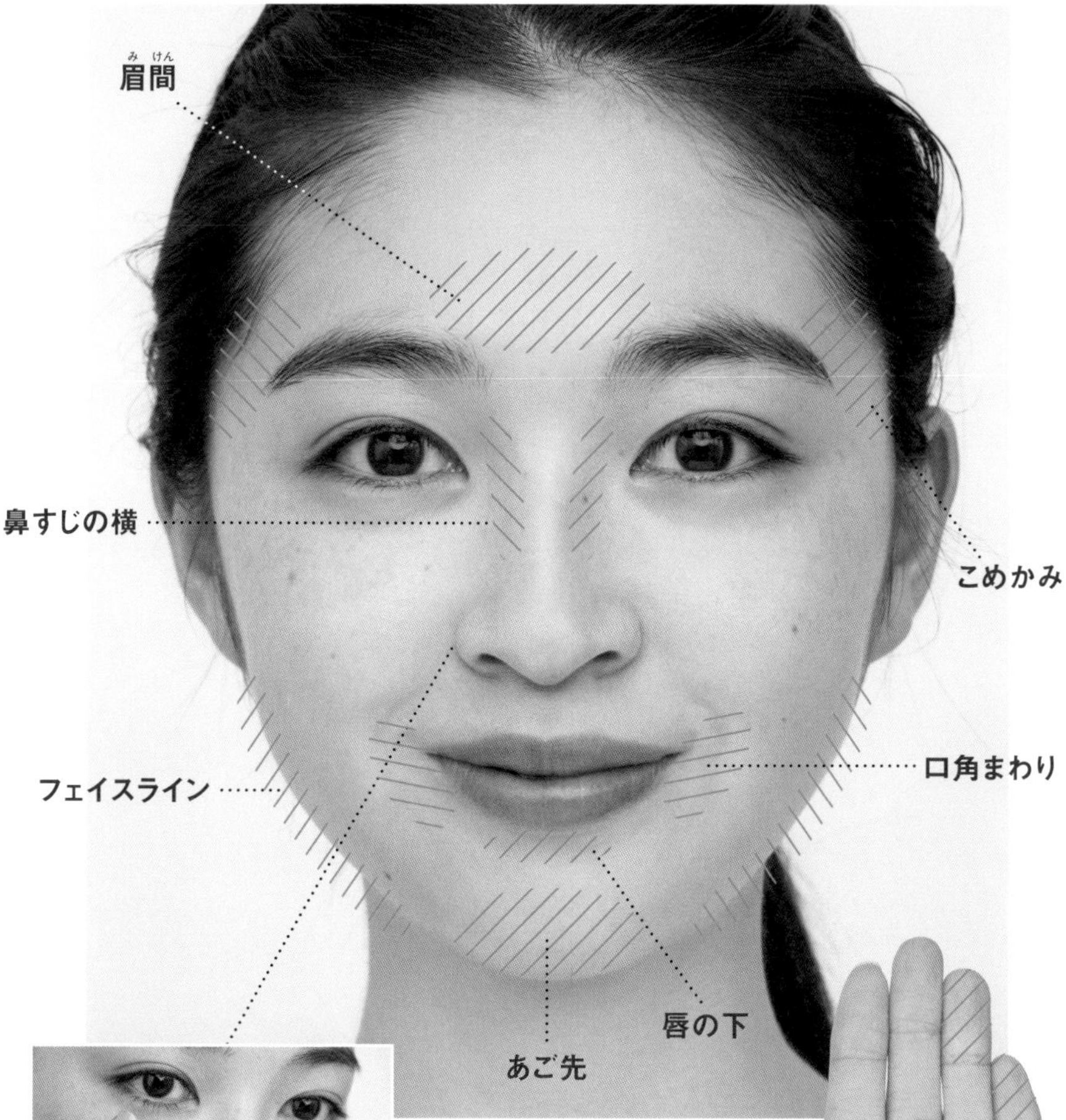

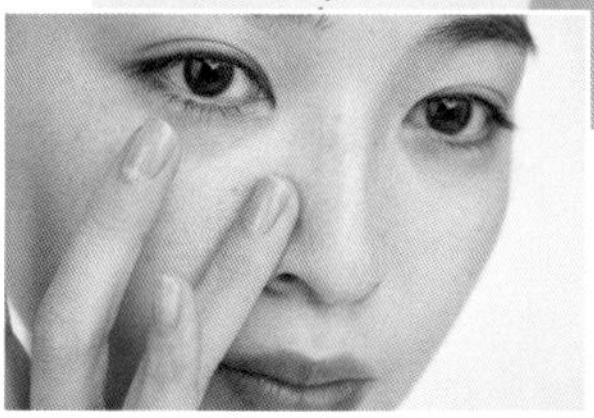

毛穴からニョキニョキ出た角栓にも有効!

毛穴から飛び出た角栓は引き抜きたくなりますが、毛穴開きの原因になるためNG。

力が入りづらい薬指&小指をつかいましょう

スクラブをつかってOKとはいっても、ゴシゴシこするのは厳禁。薬指や小指の腹でそっとなでるようなイメージで動かします。

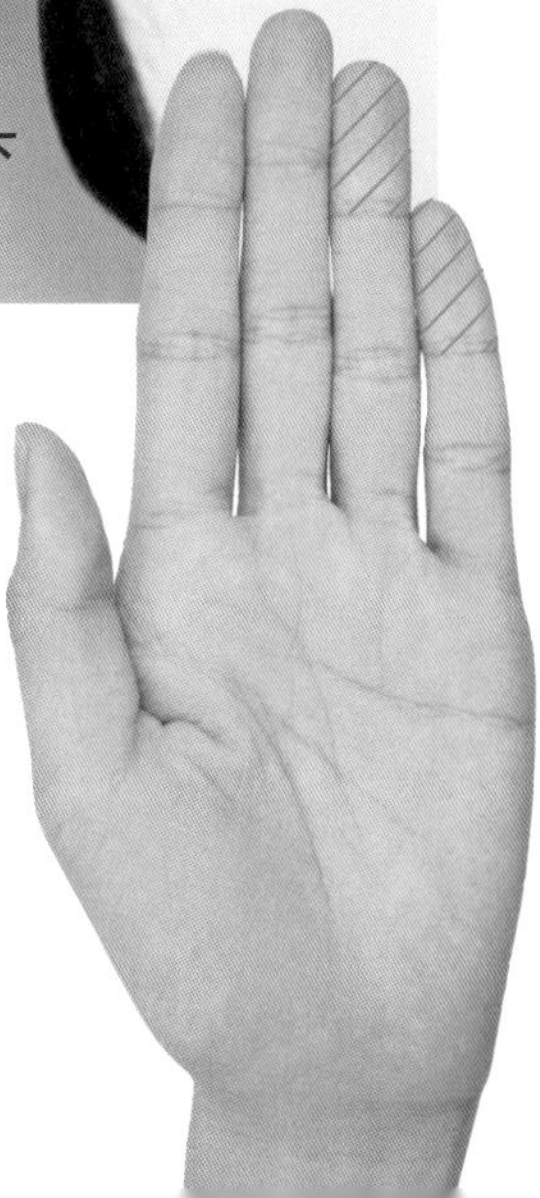

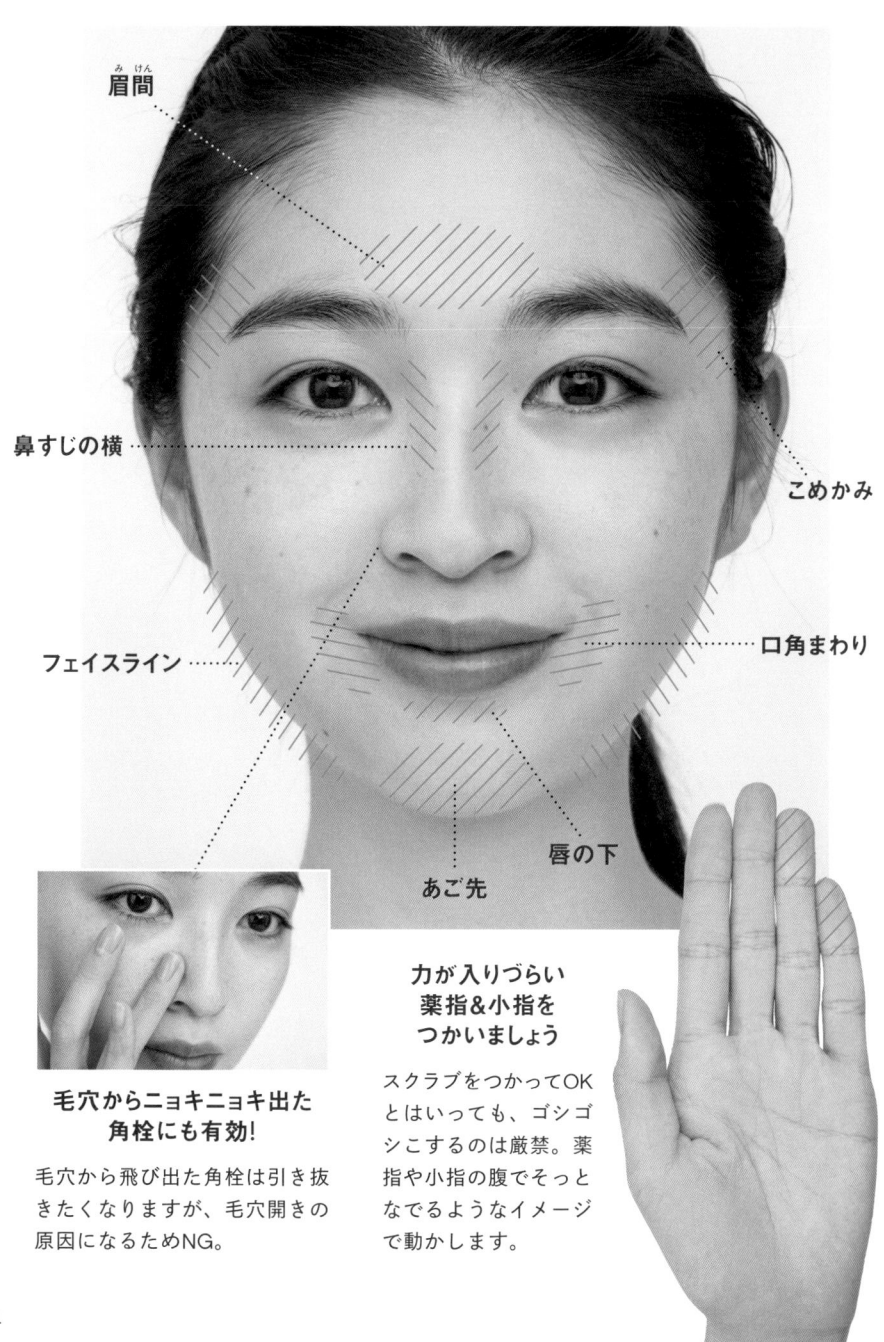

「黒ずみ毛穴」「詰まり毛穴」には酵素洗顔や角栓用洗顔を

毛穴に詰まっているものがあれば、力ずくでも取り除きたくなりますよね。でもこすり取る行為では、解決しないだけでなく、逆効果に。摩擦で肌は硬くなり、毛穴が開きっぱなしで閉じなくなります。「こすらない美容」全般がまさに毛穴目立ちの根本解決法ですが、とはいっても今ある詰まりや黒ずみ、角栓を放置するのは辛いもの。そこで、酵素洗顔料や角栓用洗顔料の出番です。これらは肌にのせるだけで、詰まりの原因となる古い角質や皮脂を分解したり、頑固な角栓を崩壊させたりするもの。1回ですっきりクリアに、とはいきませんが、くり返しつかうことで、少しずつ目立たなくなっていきます。

毛穴要注意ゾーン

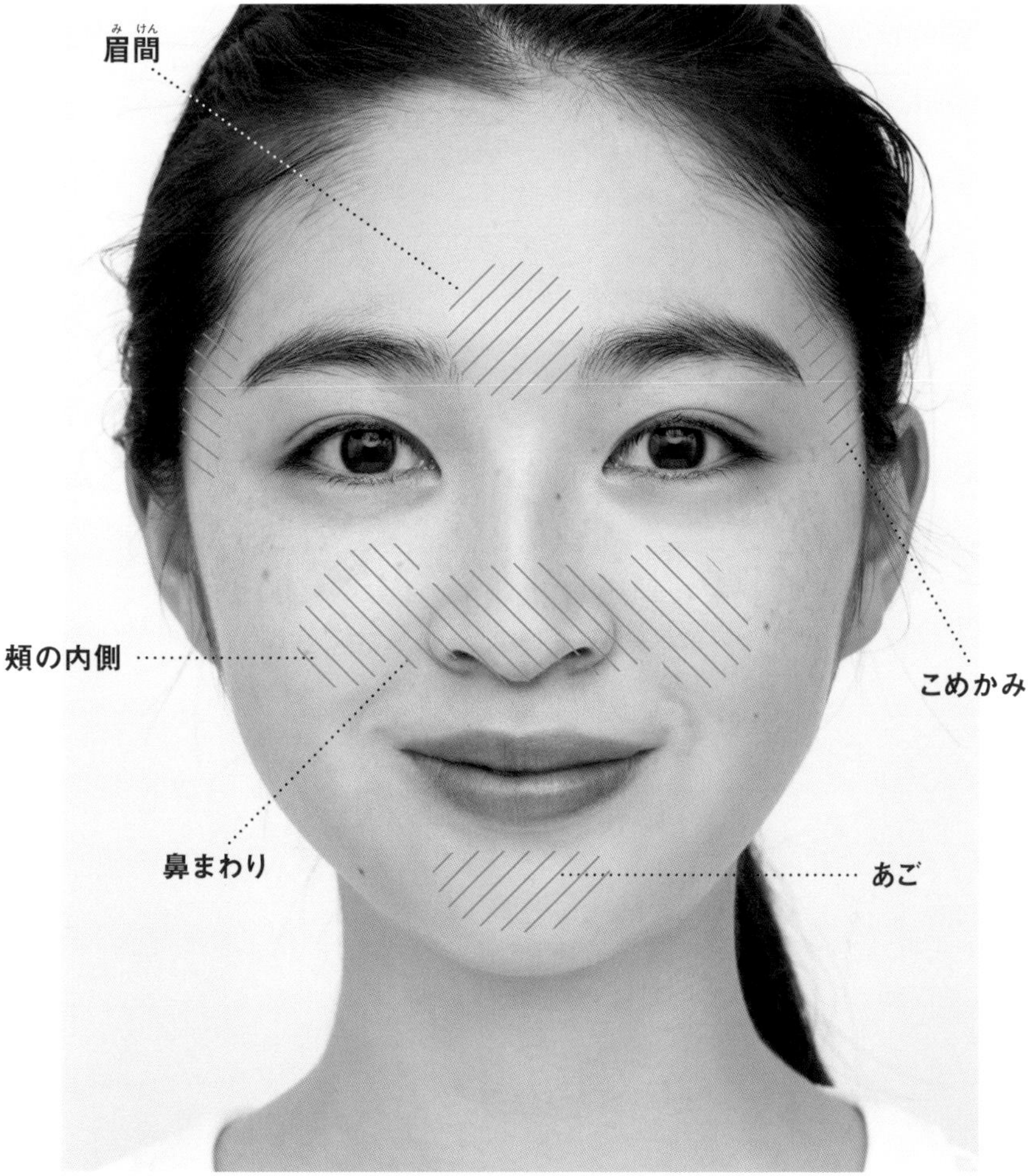

**毛穴の詰まりを
無理やり押し出すのはNG!**

ギュッと強くつまんだり、押し出したりしたくなりますが、肌へのダメージが大きく、かえって毛穴を目立たせてしまうため我慢。

おすすめのスクラブ洗顔料

ベースに厚みがあり、スクラブ粒子は細かくて痛くないものを選び、摩擦を極力セーブ。

クラランス
ワン ステップ
エクスフォリエイティング クレンザー
125ml ¥5170

大きさの異なる2つの微細粒子が古い角質をオフ。しっとりとした使用感で引き締め効果も。

THREE
バランシングステム
ジェリー ウォッシュ
100g ¥4290

植物性ソフトスクラブが古い角質をオフし、寒天ジェリーのベースが毛穴汚れをキャッチ。

KANEBO
スクラビング　マッド　ウォッシュ
130g ¥2750／
カネボウインターナショナルDiv.

溶岩クレイ配合の密着性の高いペーストに、肌にのばすと崩れて小さくなるスクラブがイン。

おすすめの毛穴ケア用洗顔料

頼れるのは、毛穴目立ちの原因となる古い角質や皮脂を分解する酵素やジェル。

LUNASOL
スムージング
ジェルウォッシュ
150g ¥3520／
カネボウ化粧品

みずみずしいジェルが毛穴を包み込んで、角栓を構成する皮脂を溶かし、タンパク質を分解。

SOFINA iP
ポア クリアリング
ジェル ウォッシュ
30g ¥1980
(編集部調べ)／花王

高密着の黒いジェルが角栓の内側まで入り込み崩壊。潤いは守ってつるんとしたあと肌に。

ファンケル
ディープクリア
洗顔パウダー
30個 ¥1980

古い角質を分解する酵素、毛穴汚れや皮脂を吸着する炭と泥がタッグを組み、効率よく除去。

BEAUTY
LESSON

第3章

「こすらない」保湿

ほとんどの人が保湿しながらこすって、肌をいためています

雑誌やＣＭの影響もあって「摩擦レス」という言葉が一般的になってきました。しかし、「こすらない」を意識している方でも、それは洗顔・クレンジングに限ったことではないでしょうか。意外な盲点が保湿のステップ。保湿するときも無意識にこすりがちなのです。手や指をスーッと横にすべらせたり、くるくるとマッサージしながら塗ったり。ほかにも肌の奥へ浸透させようとグイグイ押し込んだ

り、肌を引き締めようとペチペチたたいたり。これらはすべて肌をこする行為です。しかも、鏡を見ずに雑に塗るので、塗り漏れまで生じます。潤うどころか、摩擦で肌をいためつけていて、みずから悩みだらけの肌にしてしまっているのです。今日からはぜひ「こすらない」保湿を。

手を横にすべらせてこすっている

グイグイ押し付けている

ペチペチたたく

保湿はすべて「3秒ラップ」

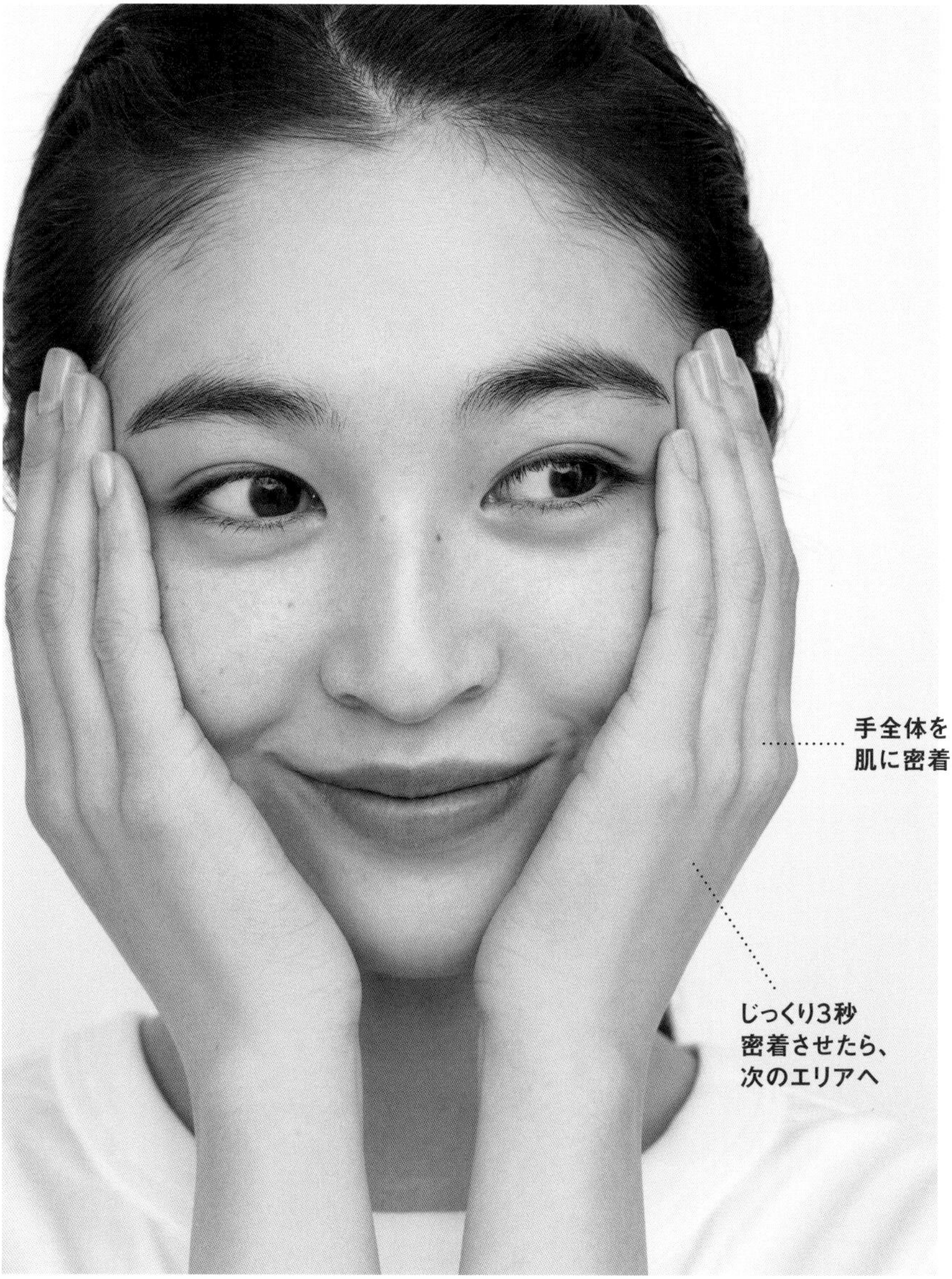
手全体を
肌に密着させる
じっくり3秒
密着させたら、
次のエリアへ

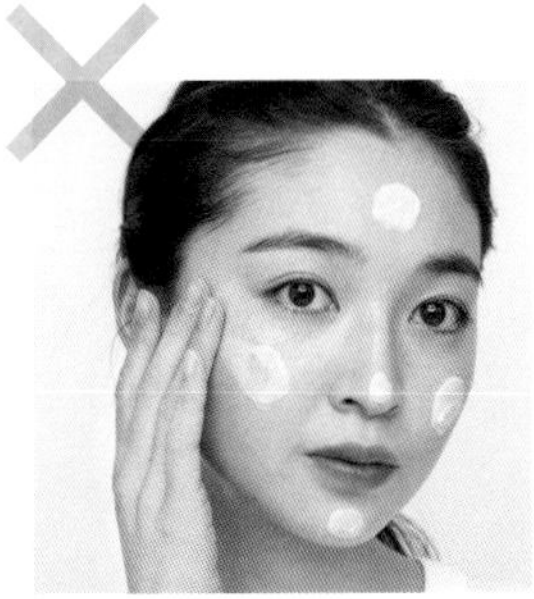

「5点置き」は
こすりがち

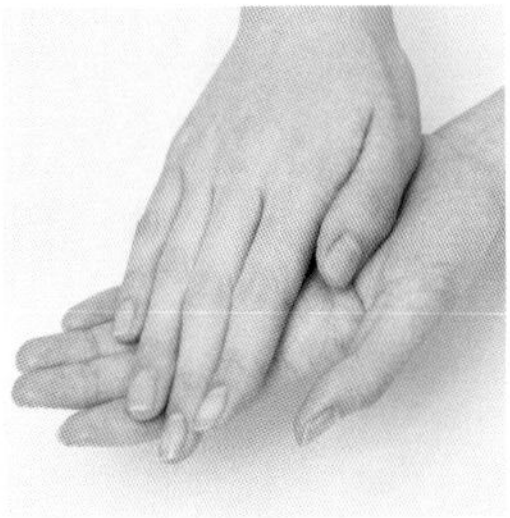

手全体に
よくのばし、温めます

密閉するように
手を置くだけ!

鏡を見ながら保湿すると、肌表面が動いてシワがよったり、深く凹んだりしているのがわかると思います。これは、まさに摩擦が起きている状態。今のコスメはよくできていて、肌にのせるだけで勝手になじみ、浸透してくれるものがほとんど。力ずくで入れ込む必要はなく、私が提案する「3秒ラップ」で、摩擦なくしっかり保湿できます。その方法は、水分を与える「化粧水」、油分を重ねる「乳液」、フタをする「クリーム」のいずれも共通。美容液をつかう場合も同じです。手のひらにとり、手全体に広げたら、肌にぴったりそわせるようにあてて密閉し、1、2、3と数えます。細かい部分は薬指と小指をつかえば塗り漏れもなく、全顔、うるうるに！

「保湿の3秒ラップ」は量と手つきが肝心です

　私が考える保湿ケアは、化粧水、乳液、クリームの3ステップ。説明書に記載されている量は最低限として、化粧水なら手全体がビショビショになるぐらいたっぷりと。また、大切なのが手つき。肌に対して垂直にフィットさせるだけ。圧迫して押し込むのではなく、ラップのように密閉して潤いの逃げ道をふさぎ、中に入っていくしかないように仕向けるのがポイントです。

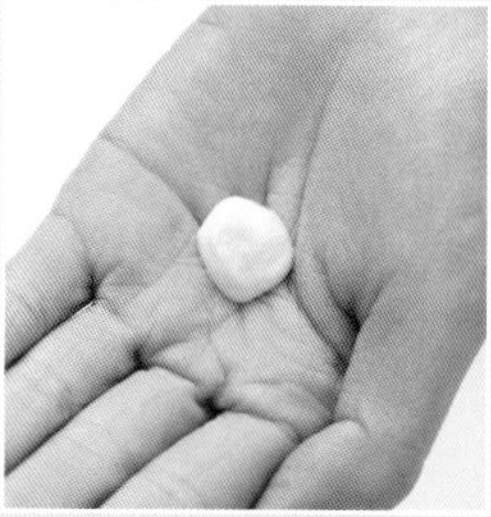

クリームは
さくらんぼ1個分

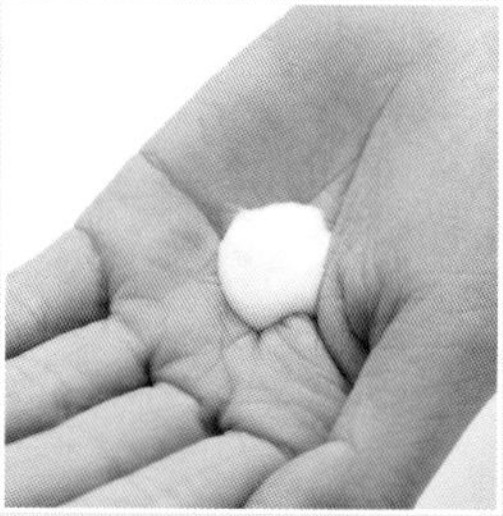

乳液はポンプタイプなら
3プッシュ以上

化粧水は500円玉大を
3回以上

広い面は手全体で「3秒ラップ」

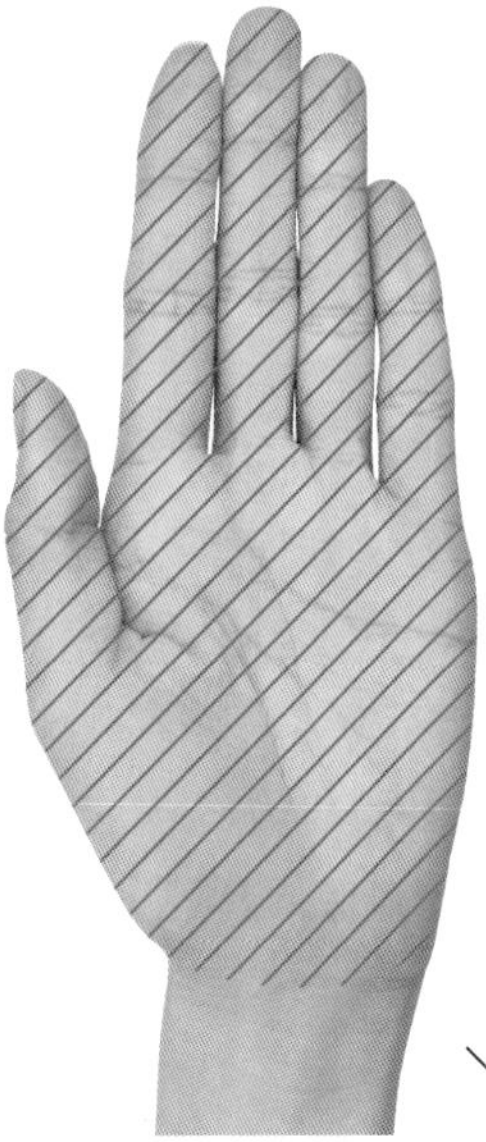

指も手のひらも
全部つかいます

まずは広い面から。顔のカーブに合わせて手を隙間なくフィットさせ、そのまま密閉した状態で3秒キープ。

指を反らせると塗り漏れの原因に

手に力が入っていると、指が反って、肌から浮いてしまうので注意。指先まで顔のカーブに合わせて、隙間なくフィットさせて。

まずは両頬を3秒包んで

額とあごを3秒

肌が動いていないかチェック!

肌が動いてヨレたり、シワができたり、凹んでいたりしたら×。常に鏡を見て確認しましょう。

細かい部分は薬指と小指で「3秒ラップ」

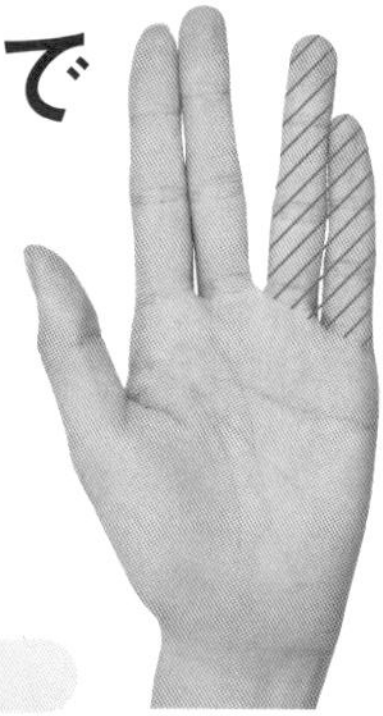

細かい部分や凹凸のあるエリアは指で。ピタリとそわせて3秒待ち、しっかりと浸透させます。

鼻の下

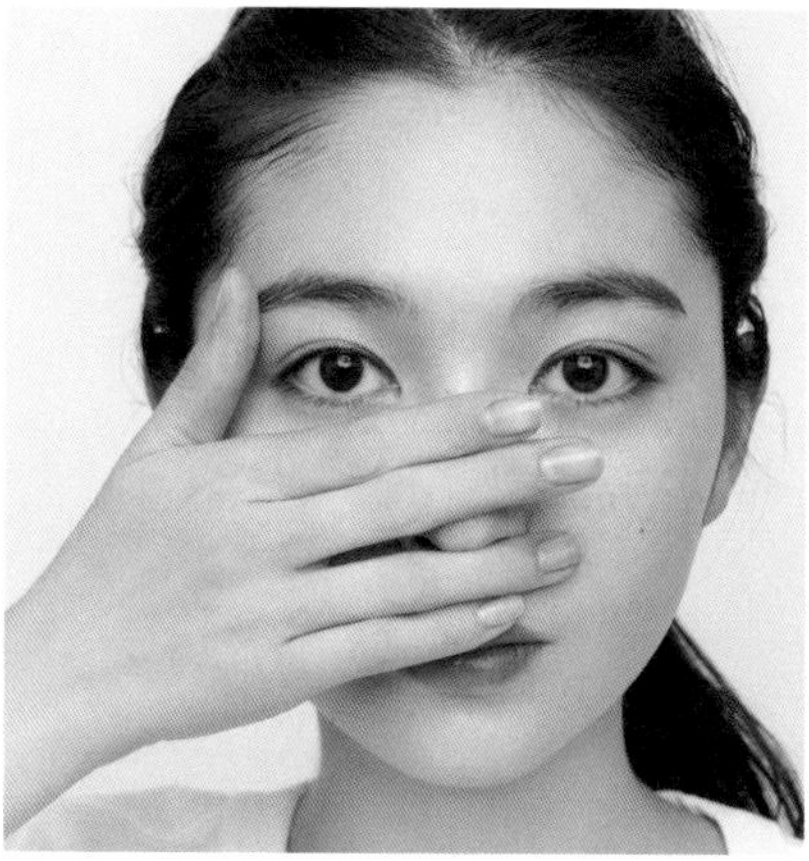

目の下

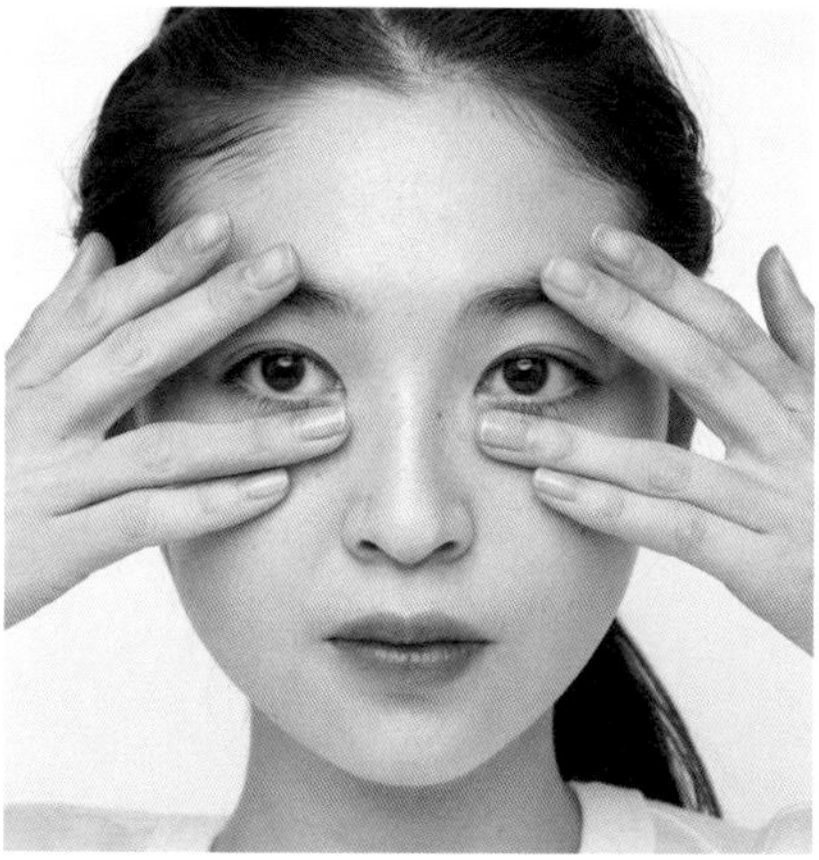

小鼻

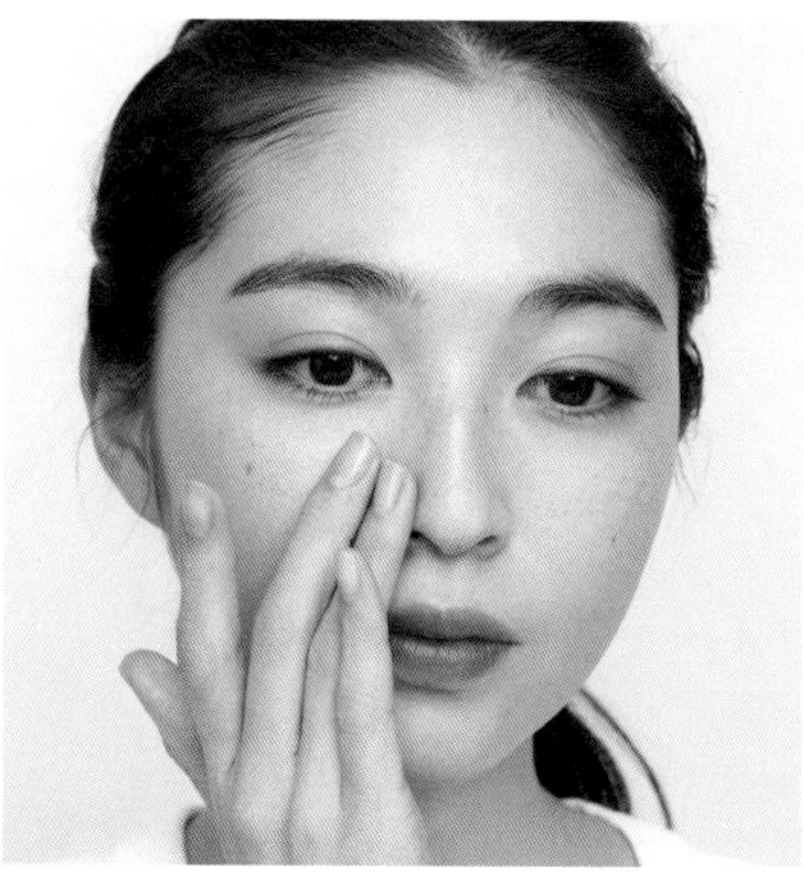

目頭

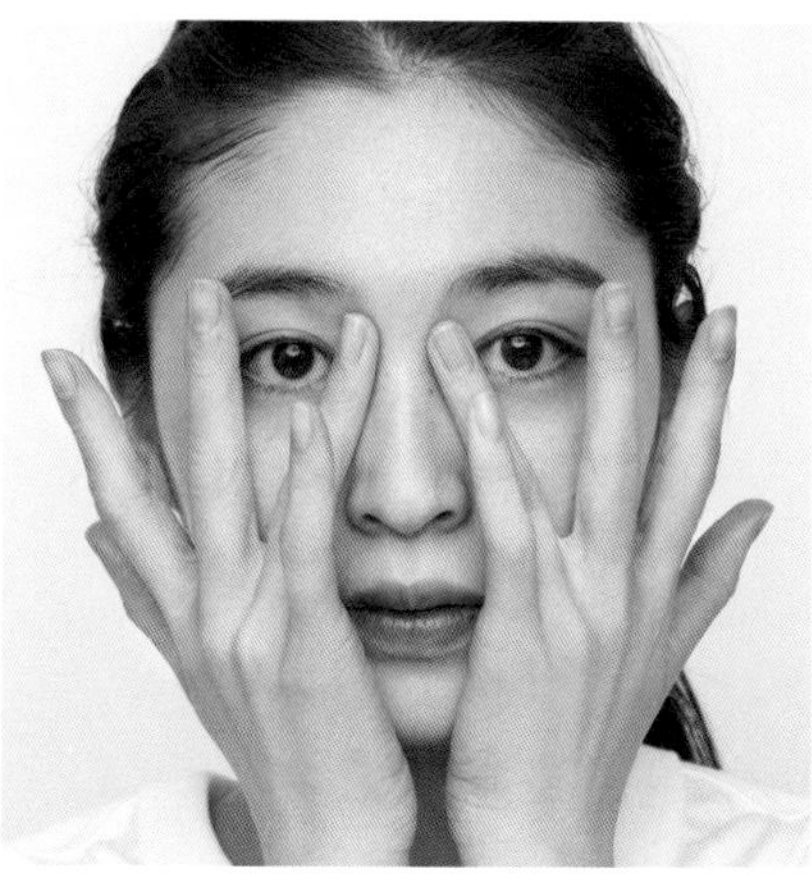

アイクリームはさらにやさしく!

肌が極うすでたるみやすい目元は、一段と慎重に。
薬指や小指の腹でそっと置くようにのせて。

上まぶた

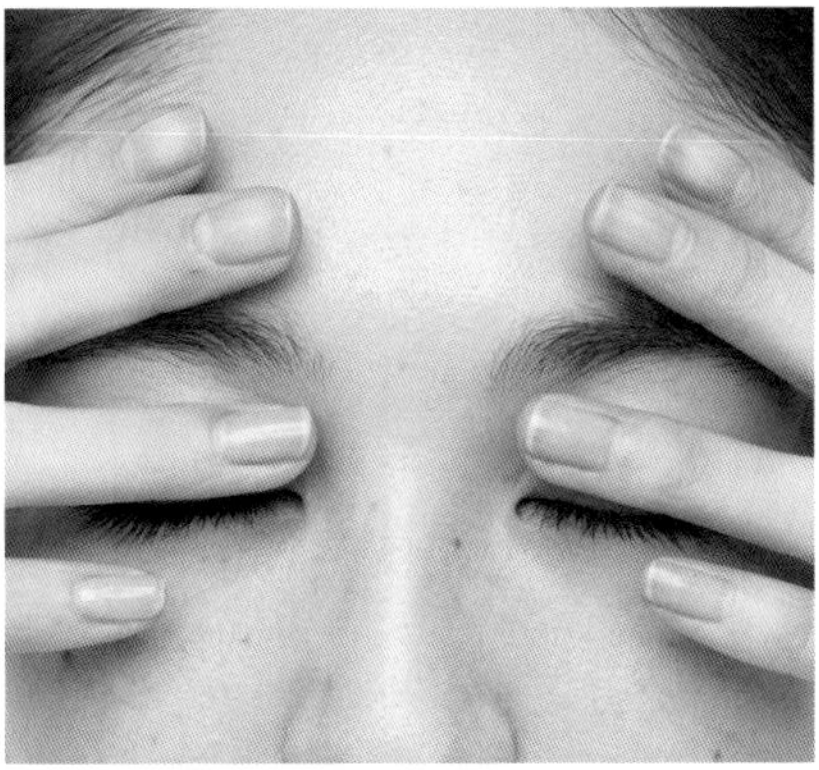

指先をまぶたのカーブにそわせ、
少しずつ位置をずらし、漏れなく。

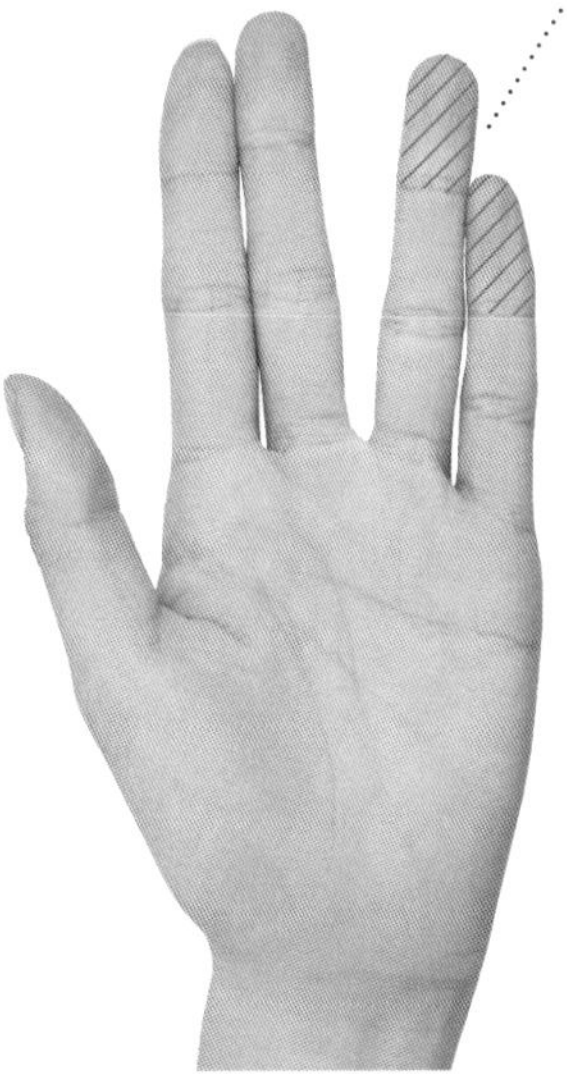
指先だけ
そっと置くように

目尻

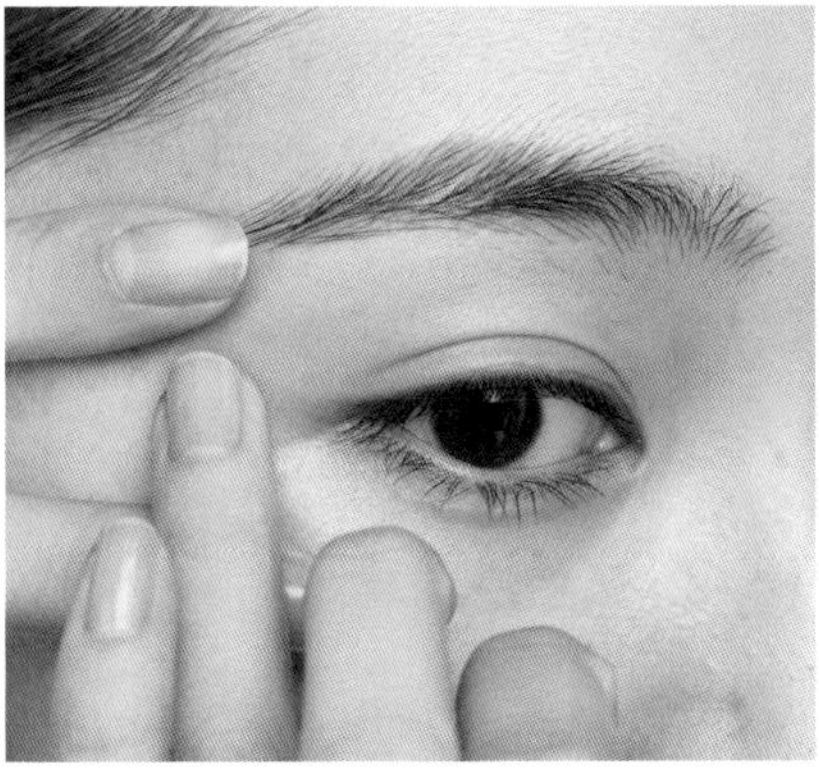

反対側の指でシワをのばして凹凸
をならしてから、点置きを。

下まぶた

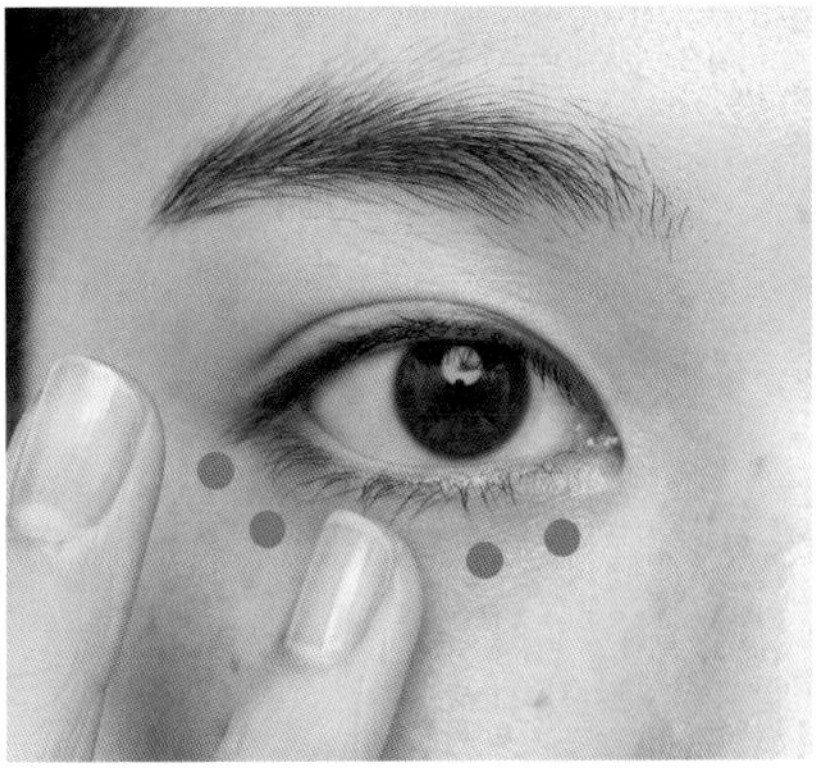

キワにそって目頭からこめかみへ
隙なく点状にのせていきます。

日焼け止めはポンポン「スタンプ塗り」

紫外線をブロックする膜を、肌表面に隙間なく、均一に、厚みをもってのせることが大事。スタンプを押す要領でムラなく覆っていきます!

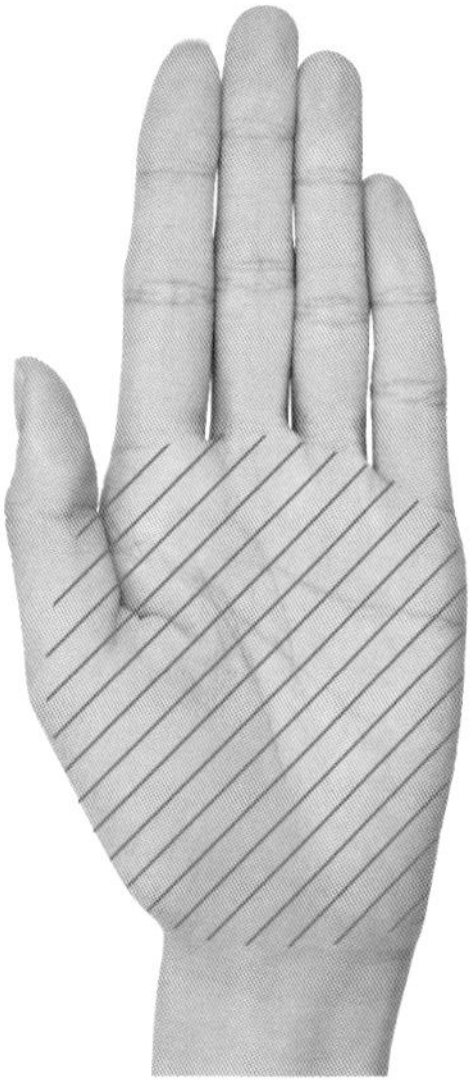

広い面は手のひらをつかいます

顔のパーツごとに手のエリアも分けると、塗り漏れなく確実。頬や額などは手のひらで。

耳まで塗っていますか?

あご裏～首も忘れずに!

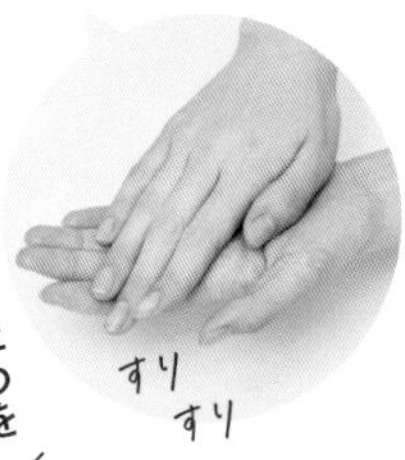

まず日焼け止めを両手にのばします

手のひらでポンポンとスタンプを押すように

日焼け止めは、化粧水などと違い浸透させる必要がないのでポンポンのせていくだけでOK。

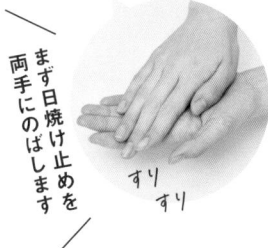

細かい部分は指を使って「スタンプ塗り」

少しでも隙間があると、そこから紫外線が入り込んで日焼けしてしまうので、細かい部分は指で。塗り漏れのないよう必ず鏡でチェックを！

こめかみ

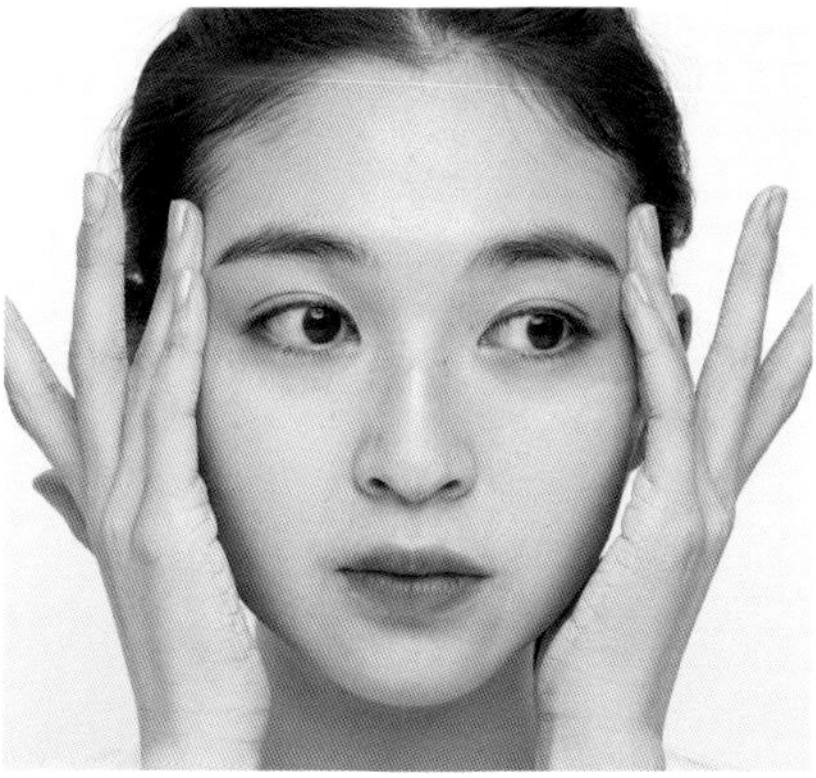

忘れるとシミができやすい

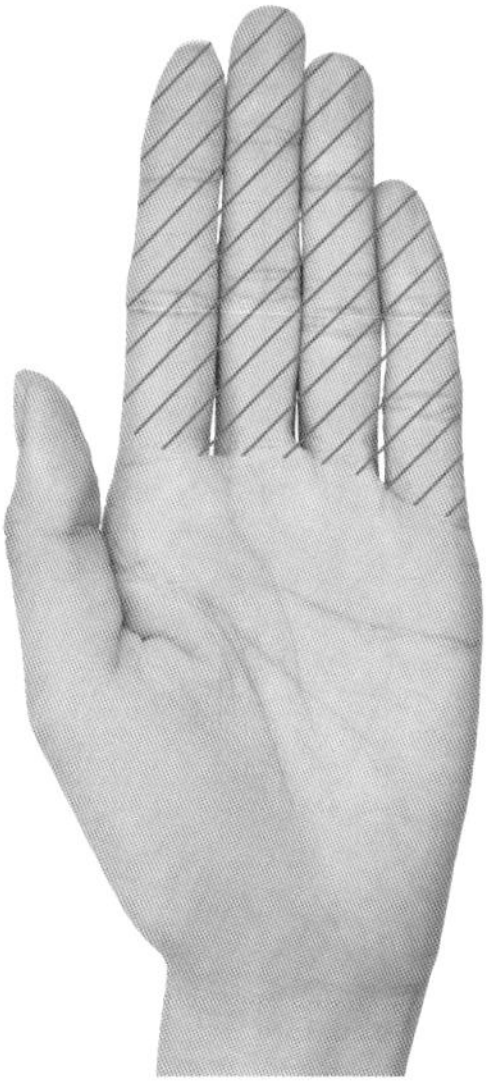

まぶた

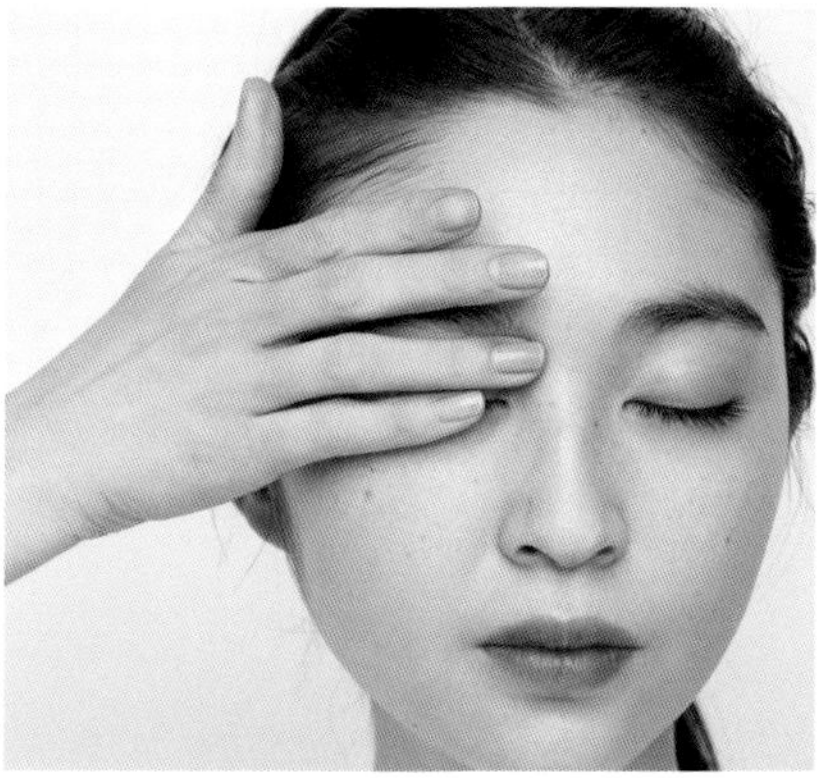

指の腹でそっと押さえて

鼻まわり

焼けやすいので
小鼻のくぼみもぬかりなく！

コットンは摩擦になる？

手で塗るとベトベトする、面倒臭いなどを理由にコットンをつかうのは、NGです。どうしてもコットンをすべらせてしまい、手以上の摩擦を起こす可能性が高いから。でも、コットンならではのよさを活かして鏡を見ながらていねいにケアするなら、あり。私自身は、基本的に「コットン」派ではなく、直接触れる感覚で肌状態がわかるのもあって「手」派。とはいえ、やはりコットンを活用するシーンもあるんです。

＼ おすすめのコットン ／

クレ・ド・ポー ボーテ
ル・コトン
120枚 ¥990（編集部調べ）

高級天然シルクとプレミアムコットンにより、ふんわり柔らかくなめらかな使い心地を実現。

SHISEIDO
スキンケアコットン
90枚 ¥638（編集部調べ）

潤いをたっぷりと抱え込める天然のコットンを厳選。毛羽立ちなくなめらかな肌ざわり。

必ず鏡を見ながら
肌が動いていないか
チェック!

私はコットンを
ローションパックにつかいます

乾燥肌の私が、欠かさないのがコットンをつかったローションパックです。ヒタヒタに化粧水を含ませたコットンを２枚に裂いて、顔全体を覆うように３分パック。大切なのはコットンの端まで浸っていること。さらに手をそえてフィットさせながら、上から「３秒ラップ」をくり返します。直接手で「３秒ラップ」するのが基本ですが、しっかり水分を肌に入れ込むことができるのが魅力です。乾くならコットンでのパック、ぜひ試してみてください。

＼ **こんなときにも!** ／

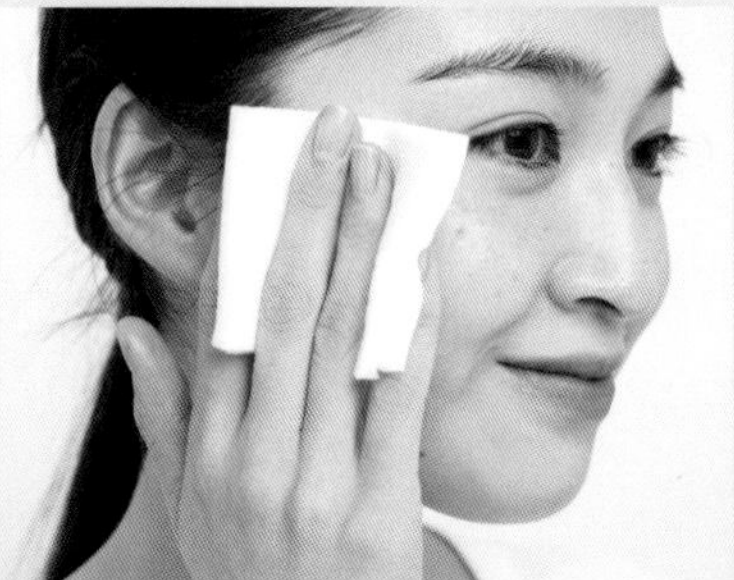

モロモロが出たときや化粧直しに

スキンケアやメイクを重ねていくうちにモロモロしてきたり、日中、メイクを変えたり直したいときには、乳液をヒタヒタに含ませたコットンを軽くすべらせて取り除きます。

スキンケアを頑張っているのにニキビや赤みが減らないなら

思い切って
アイテム数を減らしてみて

ニキビがなかなか治らない、赤みが引かないなどトラブルが起こると、早く治したくてあれこれアイテムを増やしがちですが、実は逆効果。そんなときの肌は、少しの刺激にも過敏に反応します。触れたり、コスメを重ねたりすること自体が刺激となる可能性も。「3秒ラップ」など「こすらない美容」を徹底しつつ、アイテム数を減らしてシンプルにするのがトラブル改善の近道です。

使用アイテムの多さ
＝刺激の多さに
なっているかも……

BEAUTY
LESSON

第4章

メイクでも「こすらない」

メイクが無意識のうちに摩擦になっています

スキンケアとともにもうひとつ、「こすらない」を意識してほしいのがメイクです。メイクをするときも、たくさん肌に触れますよね。つまり、「こする」リスクがたくさんあるのです。たとえば、下地やファンデをのばすとき、肌をぐいっと引っ張りながらのばしていませんか？　アイシャドウをチップや指でグリグリのせたり、アイライナーをまぶたに突き刺して描いたり、チークをぼかすときにブラシをワイパーのように動かしたり。ほとんどの人が無意識のうちにメイクで摩擦を起こしています。せっかくスキンケアで「こすらない」を徹底しても、メイクでこすっては台無し。そこでこの章では、メイクで「こすらない」コツを詳しく解説していきます。

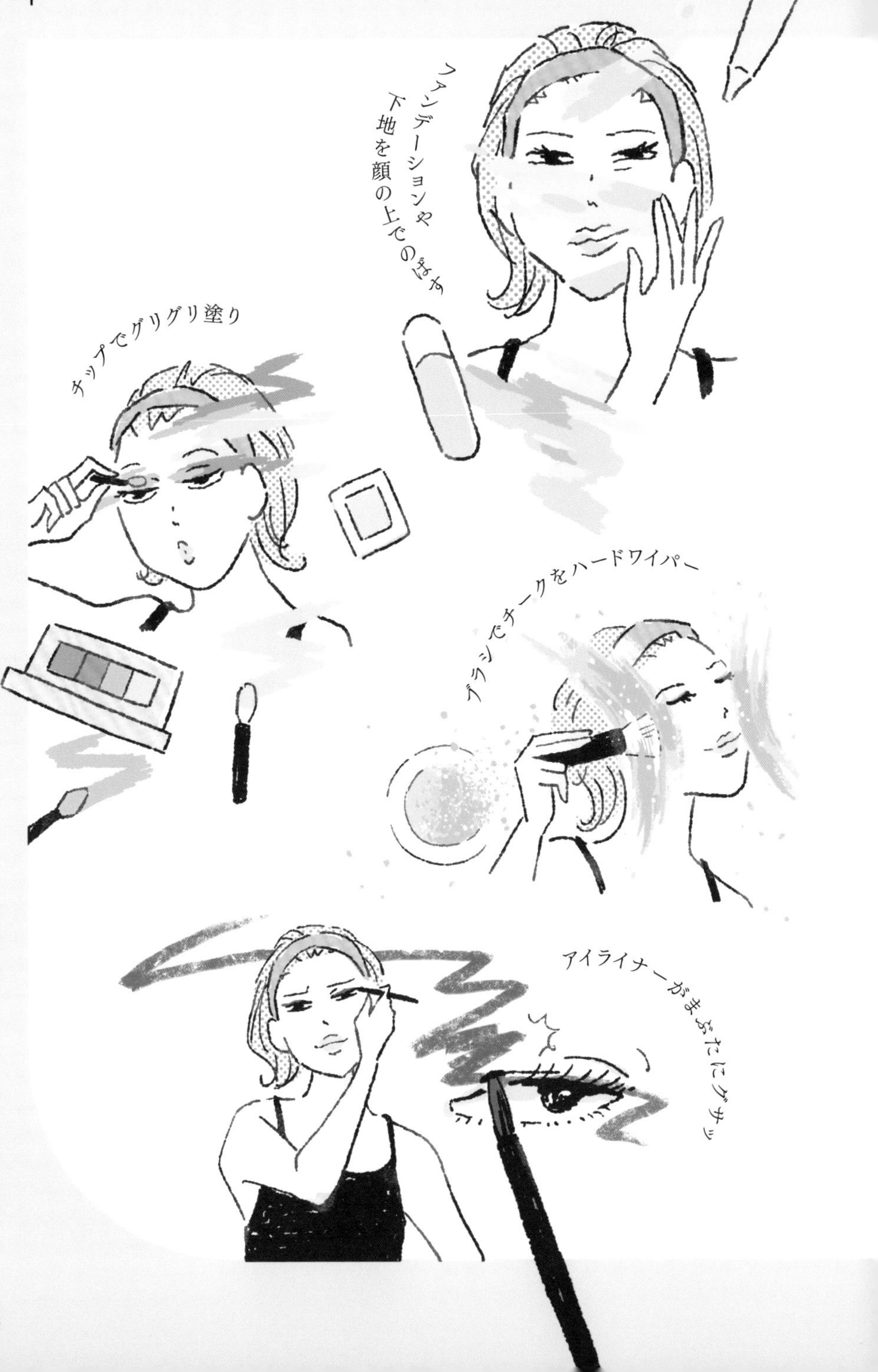
ファンデーションや
下地を顔の上でのばす
チップでグリグリ塗り
ブラシでチークをハードワイパー
アイライナーがまぶたにグサッ

ンジで「スタンプ塗り」

ひらや指にのばしたものを肌にうつし取るような
にスポンジやパフで押さえて均一にならします。

STEP
1

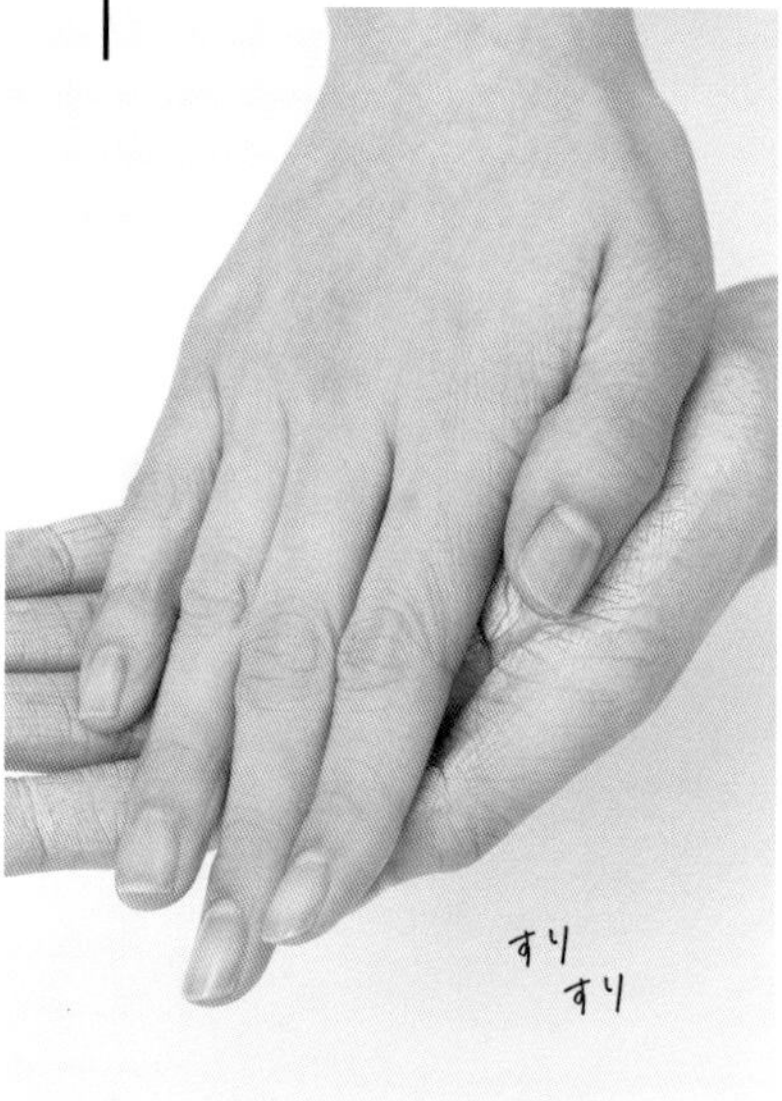

**すり合わせて、
手全体に広げます**

手のひらに適量とったら、両手をすり合わせて温め、なじみをよくする。

「5点置き」はしません

ムラなくなじませるテクではありますが、のばすときに肌を動かしてしまうことになるため、「こすらない」の観点から考えると×。

ベースメイクは手とスポ

メイク下地とファンデは、日焼け止めと同じく「スタンプ塗り」を。手の
イメージでポンポンとのせていきます。ひと通りのせたら、最後

STEP
2

ポンポンとスタンプ塗り

面積の広い部分は手のひら、細かい部分は指で。スタンプを押す要領で顔全体に広げていく。

STEP
3

スポンジやパフで ポンポンと軽くならします

下地やファンデが全体に広がったら、スポンジやパフでやさしく押さえて、均一になじませる。

ファンデはリキッドか
クリームタイプを
手のひらで「スタンプ塗り」

私がつかうファンデは、リキッドやクリーム。お直しはクッションファンデをつかいます。なぜなら、ポンポンとスタンプを押す要領でなじませることができ、こすらないで済むから。パウダータイプはパフやブラシをすべらせてつける必要があるため、私はなるべく選びません。頬や額、あごなどの広い面は手のひらで、目まわりや鼻根といった細かいパーツは指についた少量をのせ、最後にスポンジやパフでなじませれば、つるんと均一な肌に仕上がります。

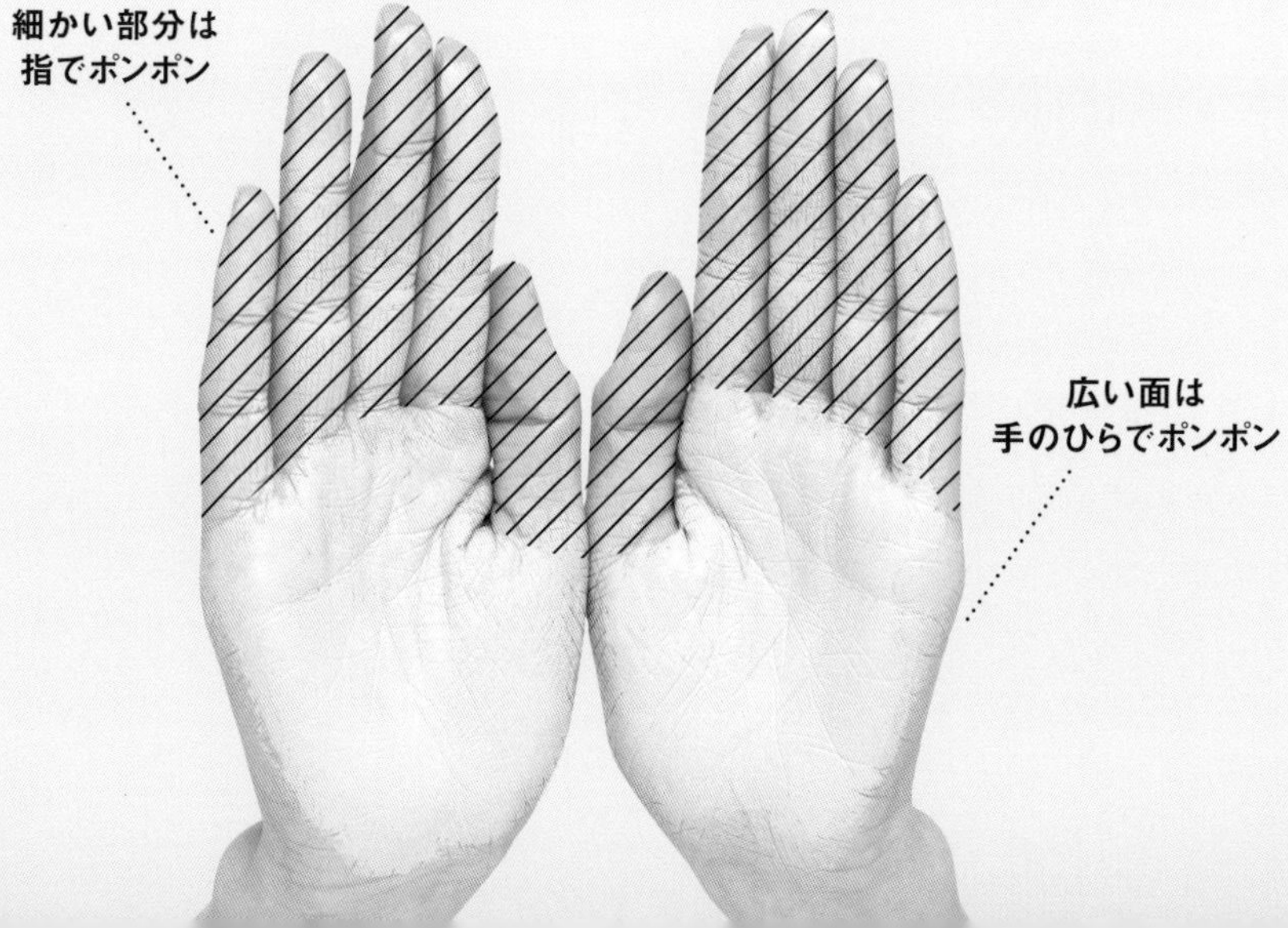
細かい部分は
指でポンポン
広い面は
手のひらでポンポン

まずは広い部分から

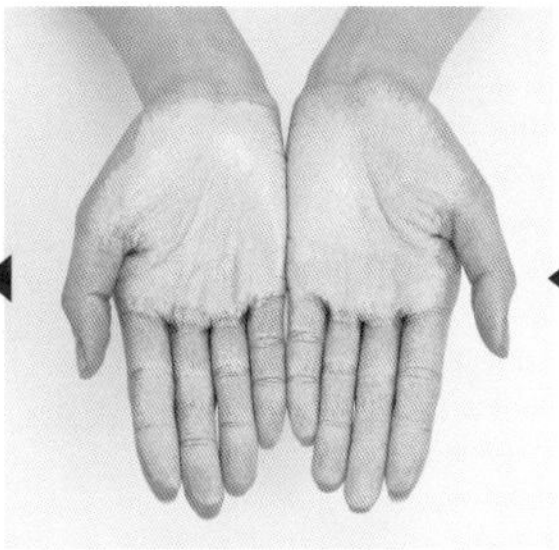

量はこのくらい

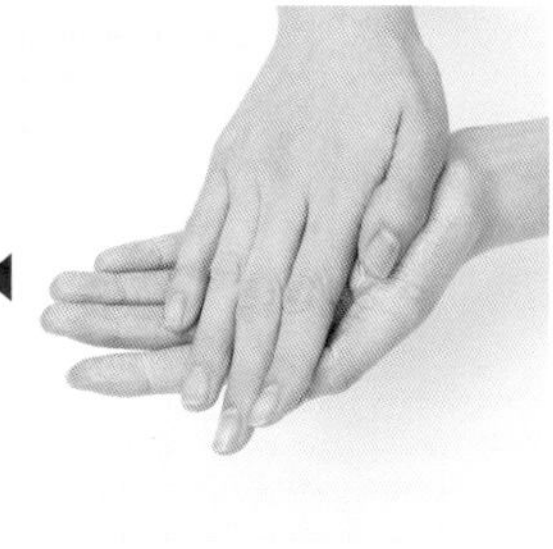

手全体にすりすり

鼻根は指をくぼみにそわせて

あごまわりにポンポン

額にポンポン

まぶたは特にやさしく薬指で

忘れがちなこめかみにも!

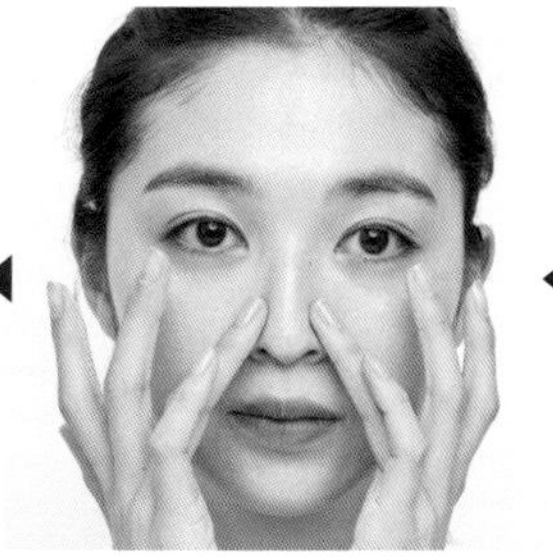

小鼻もポンポン

小鼻などは折り曲げて。完成!

広い面をポンポンとなじませる

キャノンパフ エバーソフト
2個入り ￥880／浪華パフ

天然ラテックス100％使用。ほどよい厚みとやわらかな肌あたり。

部分づかいの下地やコンシーラーはどうのせる？

色ムラや赤みを払うカラーコントロール系や毛穴埋め用など部分的につかう下地は、指でポンポンとぼかして自然なカモフラ効果を。色が濃いクマは、コンシーラーをぼかさずとどめたいので、指ではなくブラシがおすすめ。

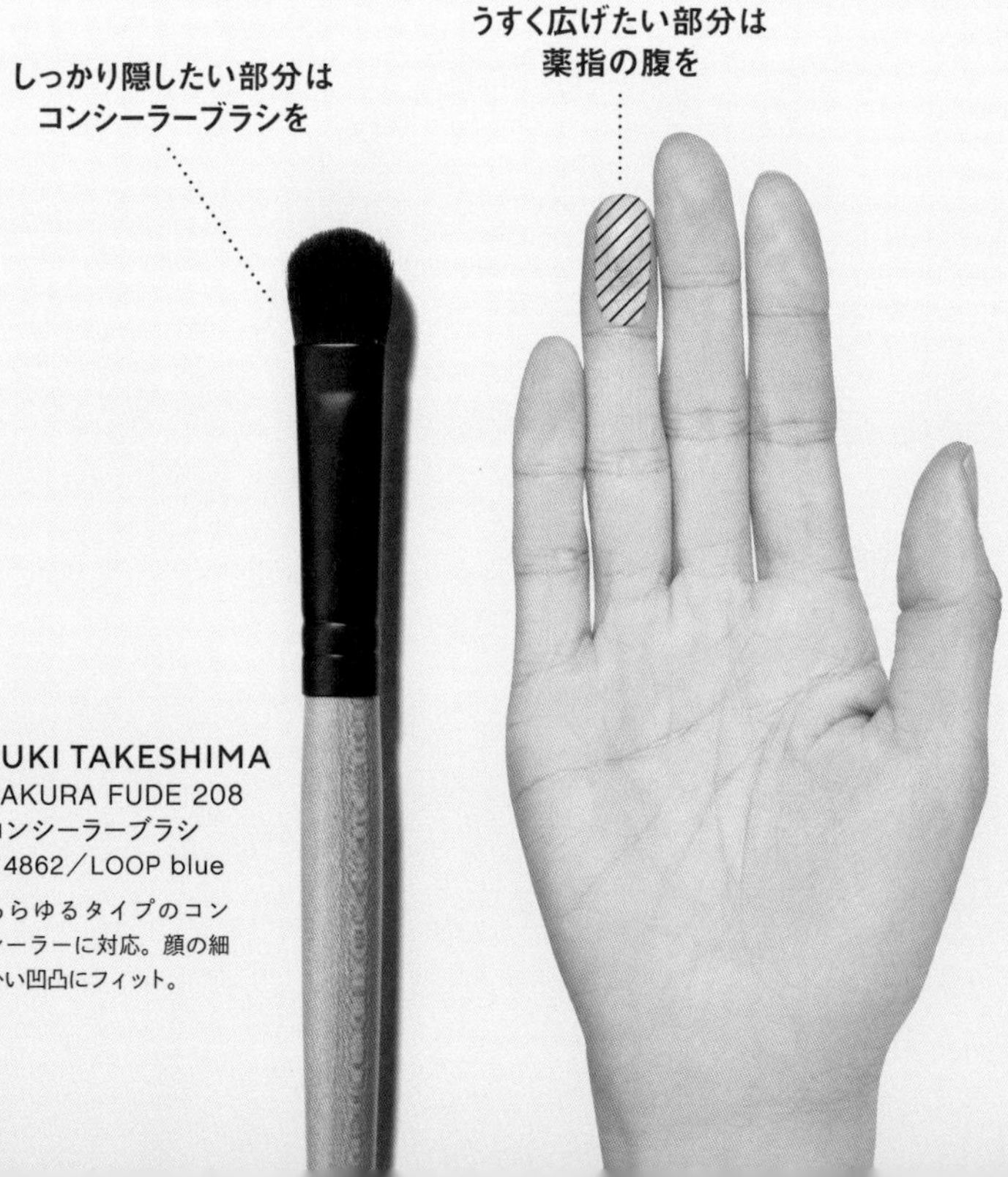
しっかり隠したい部分は
コンシーラーブラシを
うすく広げたい部分は
薬指の腹を

yUKI TAKESHIMA
SAKURA FUDE 208
コンシーラーブラシ
¥4862／LOOP blue

あらゆるタイプのコンシーラーに対応。顔の細かい凹凸にフィット。

うすく広くカバーしたいときは 薬指の腹 にとって「スタンプ塗り」

もっとも力が入りにくい薬指の腹に下地をとり、ポンポンのせて。指の温度でコンシーラーがピタリと密着。肌と一体化して自然な仕上がりが叶います。

小鼻の赤みや毛穴にポンポン

口角のくすみにポンポン

ブラシの先で置いて重ねます

クマ消しコンシーラーは 専用ブラシ で「スタンプ塗り」

指で何度もポンポンすると、コンシーラーがはがれて、効果が半減。ブラシで置くように重ねると厚みが出てしっかりと隠せます。

〝ポイントメイク摩擦〟はこんなに怖い！

メイクをするとき鏡を見てはいるけど、気にするのは発色ばかりで、まぶたや頬をこすっている事実は見落としがち。ぜひ、あらためて鏡を見てみてください。眉やアイラインを描くとき、ペンシルの芯が肌に食い込んでいませんか？　ちょっと痛かったり、すべりが悪かったりしても強引に描いていませんか？　アイシャドウを塗るとき、チップや指、ブラシを、まぶたが凹んだり、ヨレたりするほど強く押しつけていませんか？　チークをぼかそうと何度もブラシを往復させていませんか？　これらはすべて紛れもなく摩擦で、繊細な目元や乾燥しやすい頬にはとくにダメージ大。まぶたがくすむ、シワっぽい、目の下がたるむ、頬のシミや色ムラが目立つなどのトラブルに直結するんです。

眉メイク

芯が硬いペンシルも多いので要注意。グリグリ描くと摩擦に。

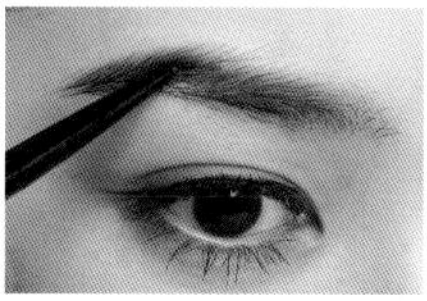

アイメイク

実はまぶたをくすませる要因となる、こする動きだらけ！

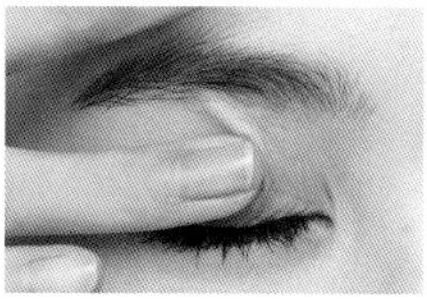

指塗り

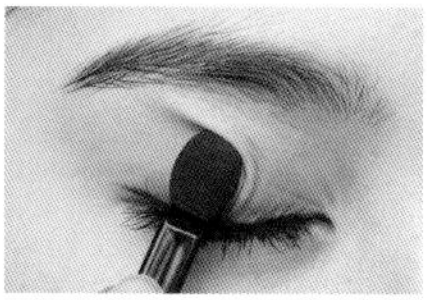

押し付けチップ

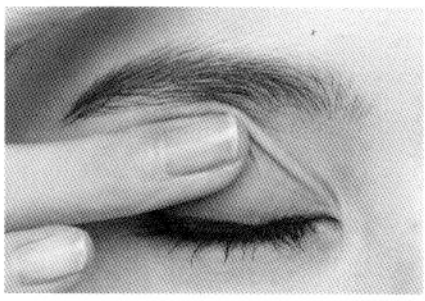

何往復もこすり塗り

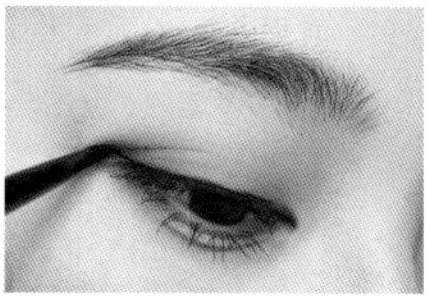

グサッとアイライナー

チーク

ふんわりぼかすためにブラシでこすりがち。肝斑の原因にも。

今日から
こすらないメイクツール
をつかいましょう

ポイントメイクで大切なのが、アイテム選び。アイライナーやアイブロウは直接、肌に触れるため、描き心地が大事。何度も重ね塗りしないと発色しないものは、摩擦が増えるため考えものです。まぶたをこすらずにアイシャドウをキレイにぼかすには、指やチップで塗るよりブラシがベター。チークは付属のブラシをつかいがちですが、肌への負担を考えるとボリュームがあるやわらかいブラシで、ふわっと広げるのが正解。肌あたりのいいアイテムやツールを選び、力を入れずに色をのせることが、「こすらない」ポイントメイクのコツです。

手の甲に描いてみて、
痛かったり引っかかったり
しないかチェック！

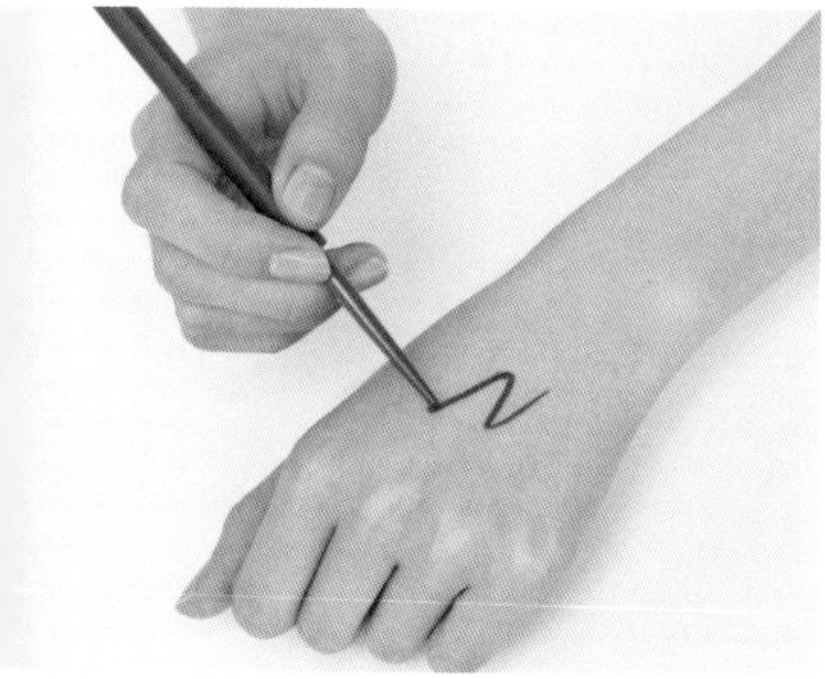

アイライナーやアイブロウは **スラスラ描けるもの** を選びましょう

手の甲で試し描きをして、硬すぎて痛いもの、すべりが悪いもの、発色が悪く何度も重ねる必要があるものは、繊細な目元にはNGです。

アイライナー

ディーアップ
シルキーリキッド
アイライナーWP
ナチュラルブラウン
¥1430／ディー・アップ

しなやかでコシがあり、液含みも◎。目頭から目尻まで一気に描けてクリアに発色。

液含みがよく、かすれずなめらかに描ける

エテュセ
アイエディション
(ジェルライナー) 03
¥1430

極細芯ながらソフトな肌あたりで痛みゼロ。つけたての鮮やかな色が長持ちするのも魅力。

とろけるようなテクスチャーで濃密発色

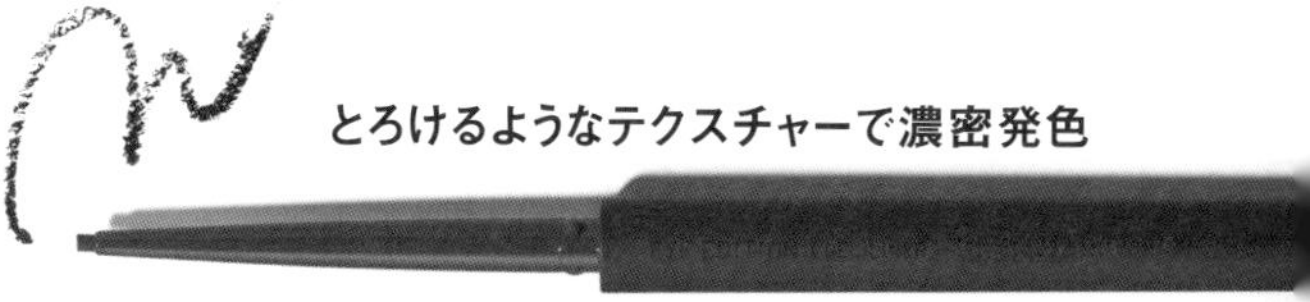

アイブロウ

ゲラン
ブロウ ジェ 01
¥4070

繊細なラインが描きやすく、計算された濃度とマットな質感で地眉とシームレスになじむ。

1本1本シャープに描けてキープ力も◎

キャンメイク
3in1アイブロウ 02
¥990／井田ラボラトリーズ

1.5mmの極細芯はほどよいやわらかさ。繊細なラインが力を入れずスムーズに描ける。

スルスル描けるソフトな肌あたりの極細芯

肌あたりが やわらかいブラシ なら 指で塗るよりも負担になりません

肌に触れたときにチクチクせず、なめらかでやわらかなものがおすすめ。
ふわっと均一にまとえるよう、毛が密集していて粉含みがいいのも条件。

チークブラシ

フェイスパウダーブラシ

C SUQQU
フェイス パウダー ブラシ
¥33000

とろけるような肌あたりでまんべんなく広がり、小鼻など細かい部分にも均一にのせられる1本。

B RMK
フェイスパウダーブラシ
¥6600／RMK Division

毛量たっぷりで適度にコシがあり、パウダーがつきすぎることなくエアリーな仕上がりが叶う。

A THREE
フェイス ブラシ L
¥7700

顔のカーブに吸い付くようにフィットする、毛先が斜めのタイプ。パウダーが軽やかに広がり、密着。

E クレ・ド・ポー ボーテ
パンソー(ブラッシュプードル&クレーム)
¥4950(編集部調べ)

どこに入れたかわからないほどふんわり曖昧にチークを入れられる。なでるようなやさしい使い心地。

D yUKI TAKESHIMA
yUKI Brush プティシリーズ 101 ベースメイクブラシ ¥5390／LOOP blue

狙った場所にチークを入れたいときに活躍する先細りタイプ。濃くなりすぎず、ほどよい血色感をオン。

極細ラインや涙袋の影が自在に描ける

二重幅にしっかり色を効かせたいなら

アイシャドウブラシ

G　SHISEIDO
HANEN FUDE
アイ シェーディング ブラシ
¥3080（編集部調べ）

半円形状のカット＆短めの毛足で狙い通りにフィット。鮮やかに発色させるのに最適な１本。

F　エトヴォス
ブレンディング＆
ライナーブラシ
¥2640

Wエンドの片側は先端が丸みのあるブラシ。肌あたりがやさしく、ふんわり淡い発色を叶える。

I　ロージーローザ
マルチユースブラシ＜ポイント＞
¥638

先細りのカットとコシのある毛質、人間工学に基づいた柄のフォルムによりコントロール自在。

H　シピシピ
アイシャドウブラシ 熊野筆 02
¥1650／Rainmakers

コシのあるライナーブラシと、グリッターやラメをキレイにのせられるジェル用ブラシのWエンド。

ブラシクリーナー

清潔に保つことで摩擦を予防

酸化した皮脂やメイクが残っているとベタついてメイクのりが悪くなり、何度もブラシをすべらせることに。毎日、使用後はコスメデコルテのクリーナー（J）を吹き付けたティッシュになでつけて汚れをオフ。さらに週１回を目安にシュウ ウエムラのクリーナー（K）に浸してしっかり洗浄。

J ブラシ クリーナー 100ml ¥1650／コスメデコルテ　**K** ブラシ クリーナー 140ml ¥2090／シュウ ウエムラ

実は私も唇だけは色素沈着しています

リップをなじませるのに唇をムニムニすり合わせたり、色を替えるときティッシュでぬぐったり、皮がむけたらこすり落としたりと実は唇だけいまだに無意識にこすってしまうことがあるんです……。そして、とうとう唇にシミができ大反省。今、意識改革中です。

BEAUTY
LESSON

第5章

「こすらない」マッサージ

告白します。私もこんなに肌をいじめていました

ここまで「こすらない美容」についてお話ししてきましたが、でも、何を隠そう、私も以前はこすりまくる日々を過ごしていました。輪郭をスッキリさせたくてY字形ローラーをあごに食い込ませてゴリゴリ。まぶたのはれぼったさを取りたくてスプーンでえぐるようにグリグリ。粗塩美容が流行ったら顔にすり込み、全身は韓国式のあかすりタオ

ルでゴシゴシ。いずれもやればやるほど効果が出ると疑わず、実際、直後は小顔になったり、ボロボロと古い角質が取れてつるつるになったり。でも、それは一時的なこと。乾燥、くすみ、シワ、たるみなどの肌悩みは悪化する一方でした。

〝摩擦にならないマッサージ〟で肌がキレイになることがわかってきました

むくみやゆるみを放置していたら、肌にハリがなくなり、重力に逆らえなくなったときにたるんでしまうという危機感がずっとありました。でも、ゴリゴリ流すマッサージは逆効果。そこで試行錯誤の末、編み出したのが「肌アイロン」です。肌に触れはしますが、決してこすりません。やさしくなでるのみで、毎日のむくみやゆるみがリセットできるのです。そして、昨今の化粧品メーカーの研究で「肌を軽く引っ張るような刺激を与えると肌細胞が活性化してハリが取り戻せる」「立毛《りつもう》筋《きん》（毛を支える筋肉）の向きにそってマッサージするとハリが増す」ということが明らかになってきました。まさしく「肌アイロン」で行うプロセスや私が長年続けて体感している効果と一致。以上の理由から、自信をもっておすすめできます！

撮影やプライベートでよくする髪型がハーフアップ。引っ張りすぎはかえって肌がのびるため、少しだけテンションが掛かるように結ぶのがポイント。ほどよい刺激を与え続けています。

むくみやたるみに「肌アイロン」をおすすめします

むくみやたるみ、シワが気になるという方に試していただきたいのが、私が考案した「肌アイロン」です。フェイスラインがゆるんできた、首のシワが気になるというなら20代からでもぜひ。私自身、この「肌アイロン」を15年以上、毎日続けていますが、たるみのないフェイスラインやハリ肌を褒めていただけるのは、まさにこのおかげ。その日のむくみ・たるみはその日のうちに。一日1回必ず行い、本来の状態に戻すようにしています。ポイントは肌を動かさないこと。クリームなどで肌のすべりをよくした状態で、薬指・小指で斜め上方向にやさしくなでるだけ。それだけで十分に効果があるんです！　肌はごく軽い刺激で活性化します。もちろん、強くやれば刺激になりますが、逆にまったく触れないのも、肌がみずから美しくなろうとする機能を退化させる要因になるといいます。私は一日1回、微弱な刺激を与えられる「肌アイロン」を続けています。

「肌アイロン」で一番難しいのは力加減です

「肌アイロン」で与えたいのは、炎症を起こすような摩擦刺激ではなく、肌を活性化する微弱な刺激です。そのため、「肌アイロン」を行ううえで、もっとも大切なのが力加減。たとえるなら、生まれたての新生児の頭をそっとなでるように。その極度にやさしい刺激によって、ダメージなくむくみをリセットでき、ハリを与えられます！

- ✓ **つかうのは薬指と小指のみ**
- ✓ **鏡を見ながら、肌が動いていないかチェック**
- ✓ **新生児の頭をなでる気持ちで、ごくやさしく**
- ✓ **やりすぎ注意！　一日1回で十分**

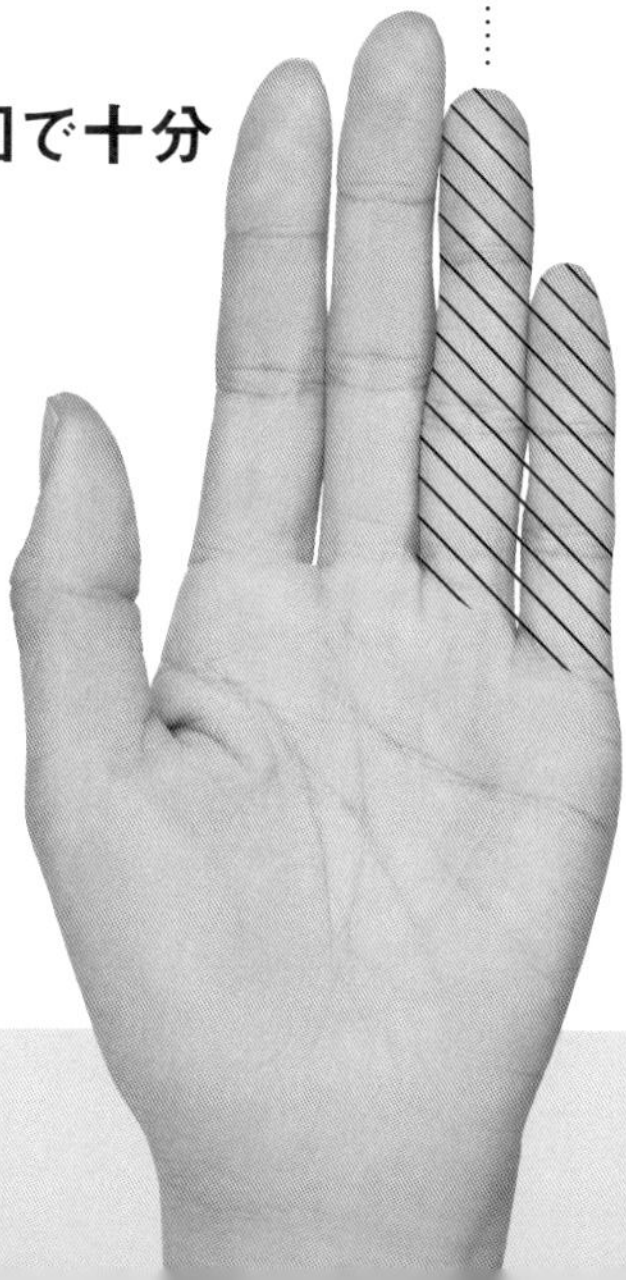

CAUTION!

肌荒れ、ニキビなど不調があるときはやめましょう

「肌アイロン」の準備をしましょう

1 必ずローションでたっぷり 潤してから 始めます

肌アイロンを行う前に、化粧水を何度も重ねて、水分を肌の中に送り込み、ふっくらさせておくのがポイント。肌表面が潤っていることで、指すべりがよくなるという効果もあります。

2 美容液でも、乳液、クリームでもOK。「指のすべりがよく厚みがある」ものを選びましょう

肌アイロンは、美容液、乳液、クリームのいずれかのタイミングで。使うコスメは油分多めでやわらかく、指すべりがよいものを。厚みのある状態が、しばらく続くことが大切。

エリクシール
トータルV
ファーミングクリーム
50g ¥11000
（編集部調べ）

オバジ
オバジX フレームリフト
エマルジョン
100g ¥5500
／ロート製薬

摩擦を防ぐためには、規定量の倍量が目安。ハリケアやたるみケアができるコスメであれば、さらに効果的。

指のすべりが悪くなったらつけ足して行って

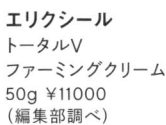

プロセス

「肌アイロン」のフルプロセスを
完全網羅。ピンと張って、もたつきをすくい、
斜め上へなでるのが基本です。

頬

こめかみを
押さえてスタンバイ

シワがよらないようにこめかみを軽く引き上げて押さえる。

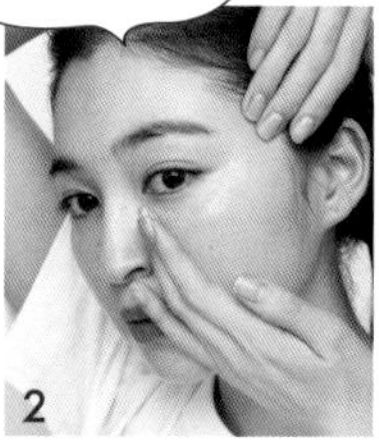
薬指で
頬をすくって

薬指をほうれい線にそわせて、頬のもたつきを下からすくう。

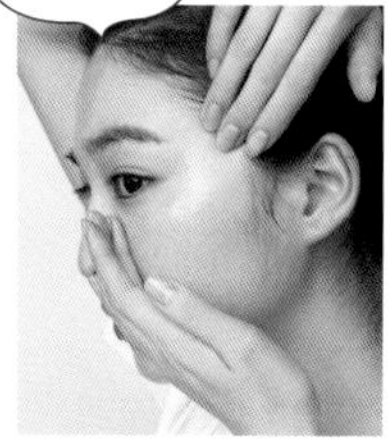
横から
見ると

頬のもたつきが薬指の上にのっかっていればOK。

力を入れず
スーッと

薬指に小指をそえて、こめかみまでなでるようにすべらせる。

こめかみに到達したら、押さえていた反対の手を一旦離す。

移動させたもたつきを、再度、反対の手で押さえ直す。

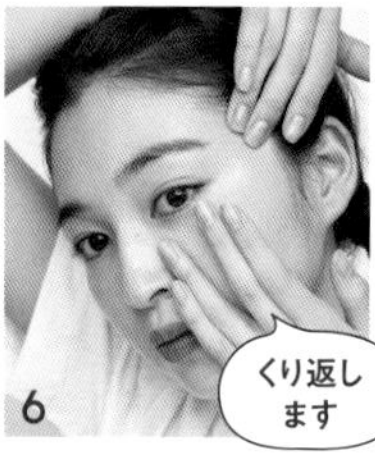

再び、ほうれい線にそって薬指をセットし、すべらせる。

この流れを片側10回を目安にくり返す。

目元

目元は
小指で!

1のようにこめかみを押さえ、次は目頭の下に小指をセット。

目のキワにそってこめかみまですべらせ、もたつきを押さえ直す。これを10回。

逆の頬

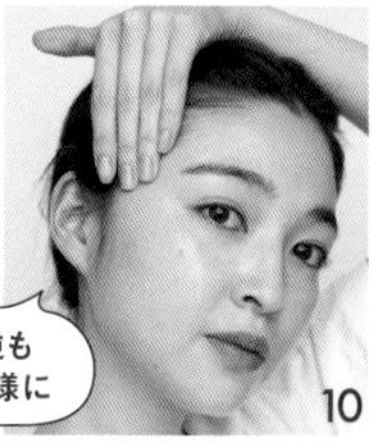
逆も
同様に

反対側も、頬がピンと張るように、こめかみを押さえる。

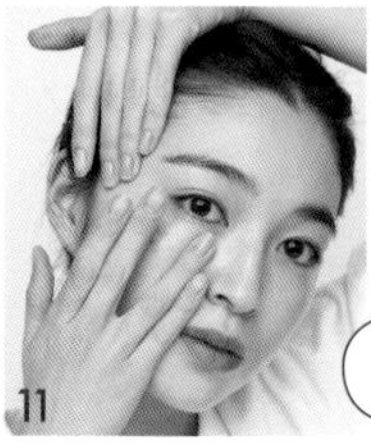

薬指をほうれい線にそわせ、頬のもたつきを下からすくう。

顔が引き上がる!

「肌アイロン」コマ送り

逆の目元

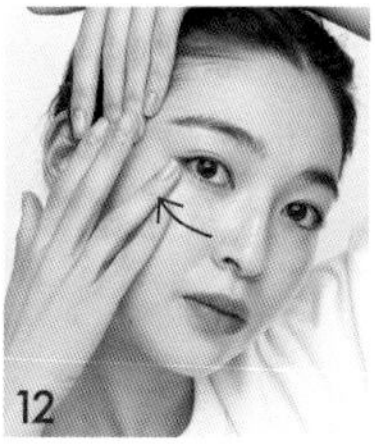

12

こめかみまで、なでるようにすべらせる。こちら側も10回。

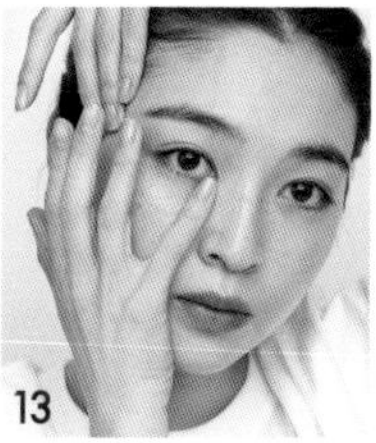

13

次は目元。こめかみを押さえ、目頭の下に小指をセットする。

14

目のキワにそってこめかみまですべらせ、もたつきを押さえ直す。こちら側も10回。

額

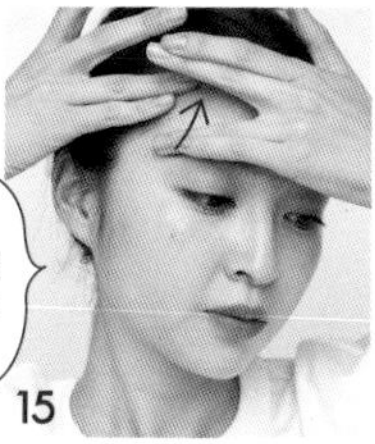

15

薬指で眉上のもたつきをすくい、生え際までなでる。

16

左右の手を交互に動かし、額を下から上へ流す。

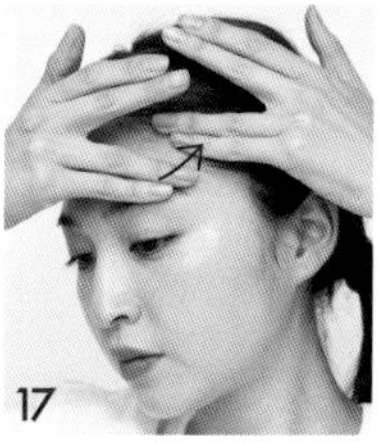

17

反対の端まで、少しずつ位置をずらし、くり返す。

首元

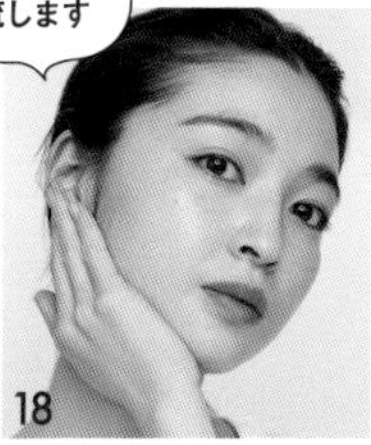

18

首を傾けてシワをのばす。輪郭のもたつきを手で包み込む。

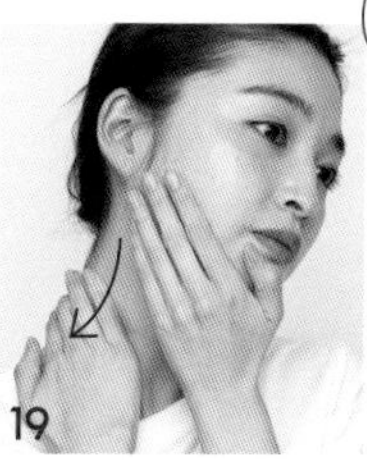

19

鎖骨まで流す。両手を交互に動かしながらあご先から耳下まで。

20

片側を流し終えたら、鎖骨のすぐ上にあるくぼみをプッシュ。

21

反対側も同様に首を倒し、輪郭のもたつきを手で包み込む。

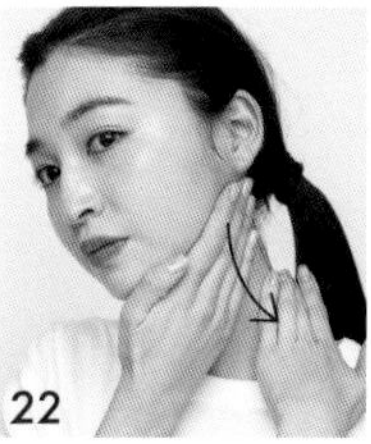

22

鎖骨まで流す。両手を交互に動かしながらあご先から耳下まで。

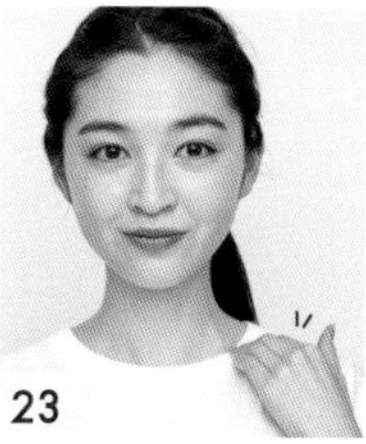

23

こちら側も、鎖骨のすぐ上にあるくぼみをプッシュして終了。

「肌アイロン」の効果を倍増する とっておきマッサージ

私が肌アイロン前に行う「こすらない」マッサージがこちら。
顔まわりの筋肉をほぐすことで、さらなる引き上げ効果を体感できます。

引き上げ効果がアップ ①

側頭筋ほぐし

ほうれい線をうすくし、頬のたるみを引き上げるのに大切なのが
こめかみから広がる側頭筋。これだけでも、たるみがスッキリ。

さらに、こめかみから側頭部にかけて指を固定し、圧をかけてゆらしてほぐす。

こめかみから側頭部にかけて、指先でトントン軽くたたいて、心地よく刺激。

仕上げに通天《つうてん》を刺激します

側頭部から頭頂部へ、指を組めるところまですべらせる。その状態で手根があたる凹みが通天というツボ。血行促進効果を狙ってプッシュ！

引き上げ効果がアップ②

ほうれい線ほぐし

ほうれい線を目立たなくしながら、さらなる引き上げ効果を狙うには、
口の中からもアプローチ。側頭筋と一緒にほぐすことで一段とゆるみます。

側頭筋ながし

指先を側頭部の生えぎわにあて、側頭筋（☆印）を通って首のうしろまでやさしく流す。

ほうれい線の始まりを内側から押す

口の中に指を入れて、ほうれい線の起点（★印）を内側からグッと押し上げる。

※爪が長い方は、頬の上から人差し指で、★印を押さえてください。

20代も要注意！
たるみ・二重あご・首のシワ……
「スマホ顔」になっていませんか

本来、年齢を重ね、肌の老化が進むことでたるむはずなのに、最近は若い世代でも悩んでいる方が多いようです。スリムな体型でもあご下がもたついて二重あごになっているケースも。その原因の一つが、スマホを見る姿勢。みなさん、スマホを目線よりかなり下の位置で持っていませんか？ すると、首が前に出るため、首にシワがよってくっきり深くなるうえ、首まわりの筋肉が硬くなることで顔がたるみやすくなるのです。スマホを目線まで上げて見るようにするとともに、「スマホ顔」予防に効果的な習慣を身につけましょう！

＼ 身につければ確実に差が出る！ ／

「スマホ顔」予防、3つの習慣

顔に触れることなくできるのでこする心配がなく、それでいて、
フェイスラインまわりのたるみやもたつきの解消に効果てきめんです。

1 舌の位置はいつも上あごに

舌を「コッ」と鳴らすとき、上あごに舌を吸いつけますが、この状態が舌の正しい位置。あご下のもたつきが消えるので常に意識を。

2 ヒマさえあれば耳引っ張り

耳を手でつまみ、真横、斜め下、斜め上へと引っ張ってキープ。顔や首まわりの血流がよくなり、たるみやくすみもすっきり。

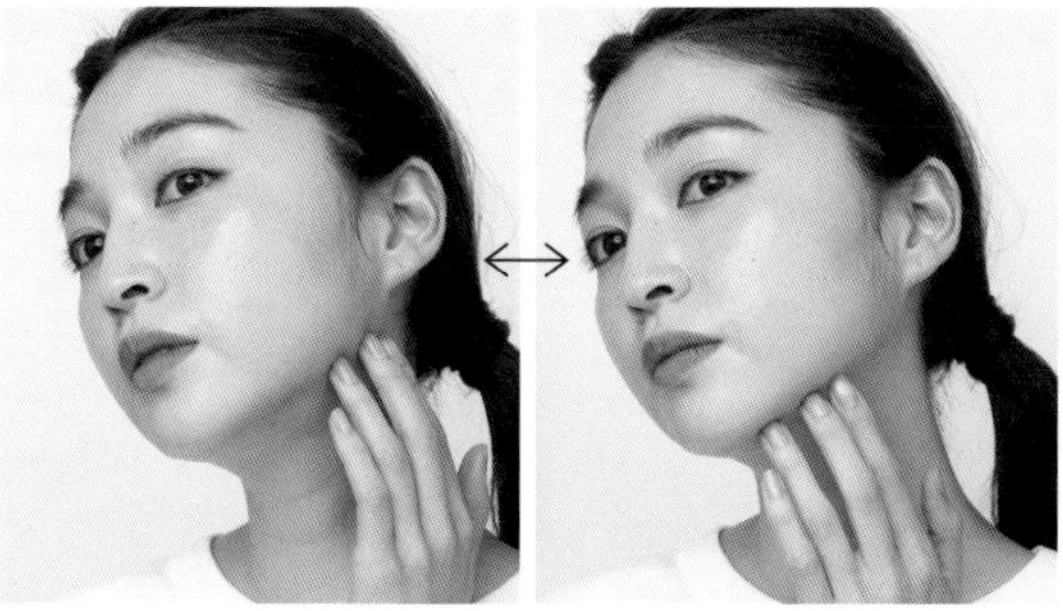

3 フェイスラインをトントントン

フェイスラインにそって、あご下をトントンたたいて。首まわりの筋肉に振動が伝わり、ほぐれて、もたつきやたるみをリセット。

顔のコルセットを鍛える必修科目「表情筋トレーニング」

30代から「肌アイロン」を始めましたが、年齢を重ねるにつれ、さらなるたるみ対策の必要性をヒシヒシと痛感。そこで注目したのが、肌を支えるコルセット、表情筋です。目元や頰、口元などの筋肉は、当然、加齢で衰えます。ＳＮＳの発達などで話す機会が減り、マスク生活が続いたことで筋力が低下し、たるみの原因に。そこで表情筋に電気刺激を与えるリフトアップ美顔器に着想を得て、ツールなしでも刺激を与える方法をと考えたのが「表情筋トレーニング」。摩擦レスで一日何回でも行えるのも私ならではのこだわりです。

目のまわりの眼輪筋

目を囲むように存在し、脂肪を支える筋肉。衰えると目元がたるみ、目の下にふくらみが出現。

頬の筋肉

大頬骨筋、小頬骨筋、頬筋など。口角を引き上げ、頬をリフトアップする働きがあります。

口まわりの口輪筋

口を円状に囲む筋肉。頬のたるみ、ほうれい線、輪郭のゆるみなどにかかわっています。

「いういう体操」

にアプローチするのが、このふたつ。
あごまわりのもたつきが消え、頬の位置もリフトアップ。

1日1回
2分

にっこり固め

目尻にシワが
よらないように
舌は上あごに
※必ず鏡を見ながらやりましょう

可能な限り口角を上げて全力でにっこり笑顔をつくったら、
頬の肉を下からすくい上げるように手をそえて２分キープ。
指で生えぎわを押さえて、シワがよらないよう注意。

＼たるみ予防に20代から始めて！／

「にっこり固め」と

頬まわりの筋肉と口輪筋という顔の下半分
舌を正しい位置、つまり上あごにつけて行います。

1日に
20回以上

いういう体操

口角を引き上げ、顔全体を大きく動かして笑顔をつくり、口を「い」の形に。
次に口を思いっきりすぼめて「う」。20回ほどくり返します。

＼ 目のまわりのたるみに ／

1セット
10回

眼輪筋トレ

眼輪筋が衰えるとまぶたがたるみ、目の奥の脂肪を押さえ込めず、目の下にふくらみ＝目袋が出現し、クマも目立つように。1日に何度行ってもOKです。

1. 上下まぶたのたるみに

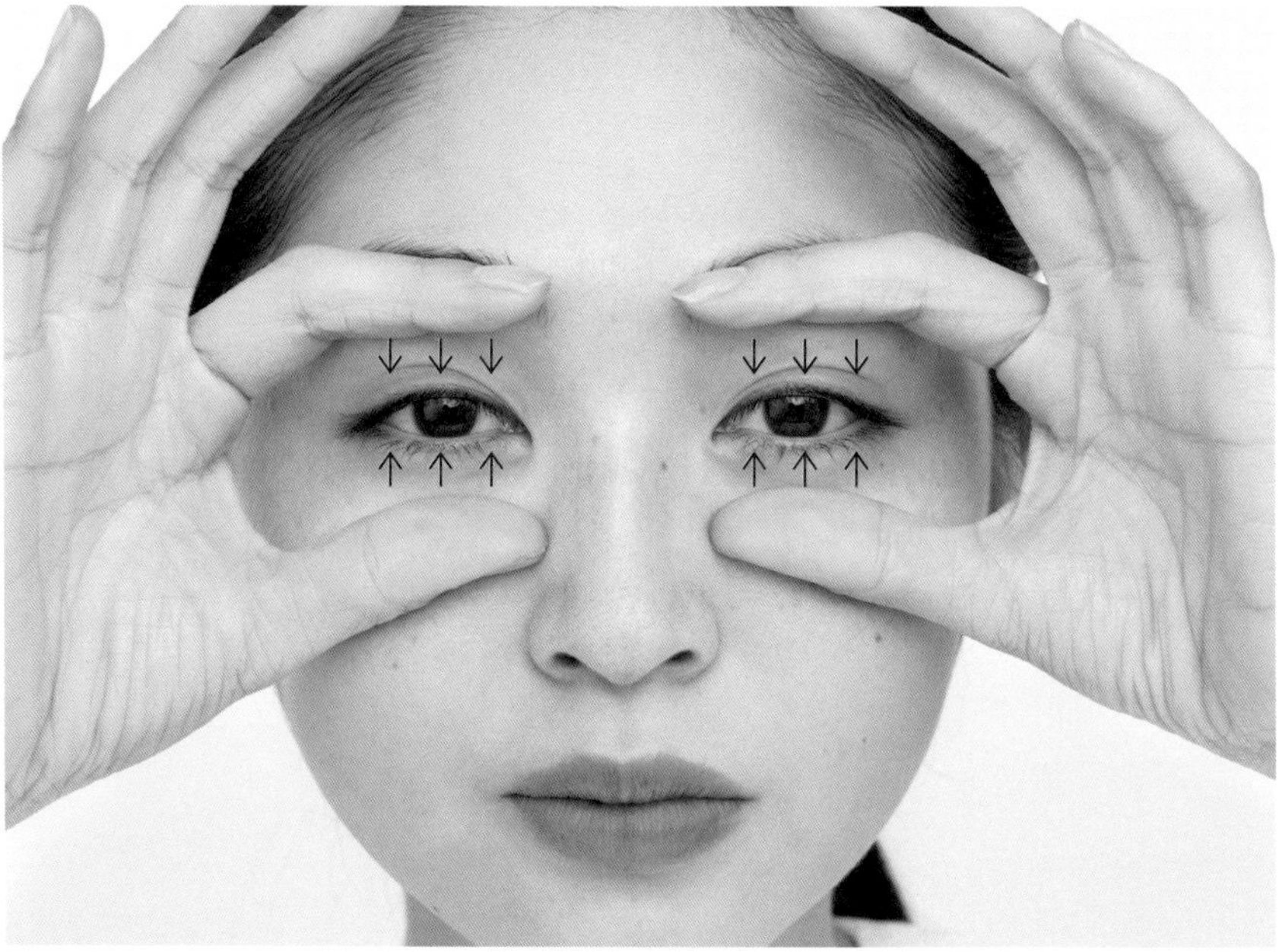

STEP 1
目を普通に開けた状態で、上まぶたのアイホールのくぼみに人差し指、下まぶたのくぼみに親指をあて、指で目を上下に開かせて固定。

STEP 2
その状態で、目を閉じようとすることで眼輪筋をトレーニング。上下まぶたの筋肉が疲れてきたら、ちゃんと鍛えられている証拠！

2。上まぶたのたるみに

STEP 1
額を手全体で押さえ、額を軽く引き上げて固定し、キープ。額の筋肉が動かないように押さえておくのがポイント。

STEP 2
そのまま額や眉上の筋肉を使わず、まぶたの筋力だけで、「目を大きく開ける、しっかり閉じる」を、疲れを感じるまでくり返します。

＼ ほうれい線ケア・梅干しジワ予防に ／

1セット
20回以上

口輪筋トレ

口輪筋が衰えるとほうれい線が深くなり、唇を囲むように縦ジワが入り、
梅干しのような口元に。時間のあるときにこまめに鍛えると◎。

舌は上あごにつけた正しい位置をキープし、「う」の口にして、輪をつくる。この輪を均一に大きくしたり、小さくしたりするのをくり返します。慣れてきたら輪をどんどん大きく、スピードも速くして強度をアップ。

美顔器は摩擦になる？

電気刺激を与えるEMS美顔器や、浸透を促す美顔器をやさしくあてるだけなら摩擦レス。私が移動中に愛用しているフェイスポインターも、肌に垂直に力を加えるもので摩擦なし。私は側頭筋や首につかっています。つまり大切なのは、つかい方。鏡を見ながら肌が動かないようにすればいいのです。

アフター

こすらない洗顔や保湿に加えて、「肌アイロン」や「表情筋トレーニング」を毎日実践していただいた結果、肌はもちろん、顔のフォルムまで激変！

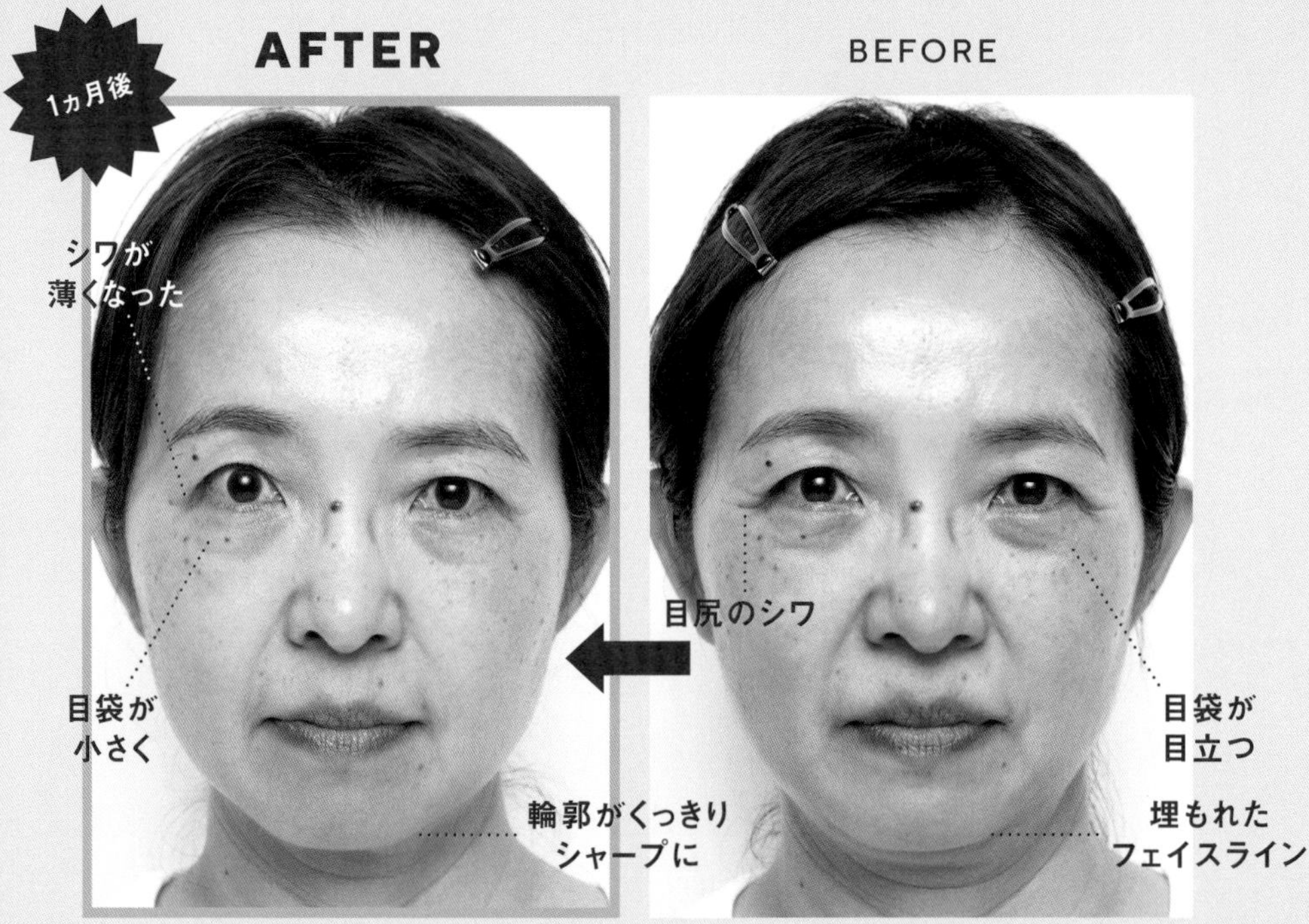

会社員　Kさん(55)

「いういう体操」による筋トレ感が病みつきに

あごのもたつきが激減し、フェイスラインがくっきり！

今まで無意識だった舌の位置を正しくし、鏡を見ながら、「にっこり固め」や「いういう体操」を中心に励んだ結果、１ヵ月で驚くほどあごまわりが改善。二重あご感がなくなり、フェイスラインがくっきりと。「肌アイロン」との相乗効果で目袋が縮小し、シワも浅く！

1ヵ月間、「こすらないマッサージ」を
やったらここまで変わった!

劇的ビフォー

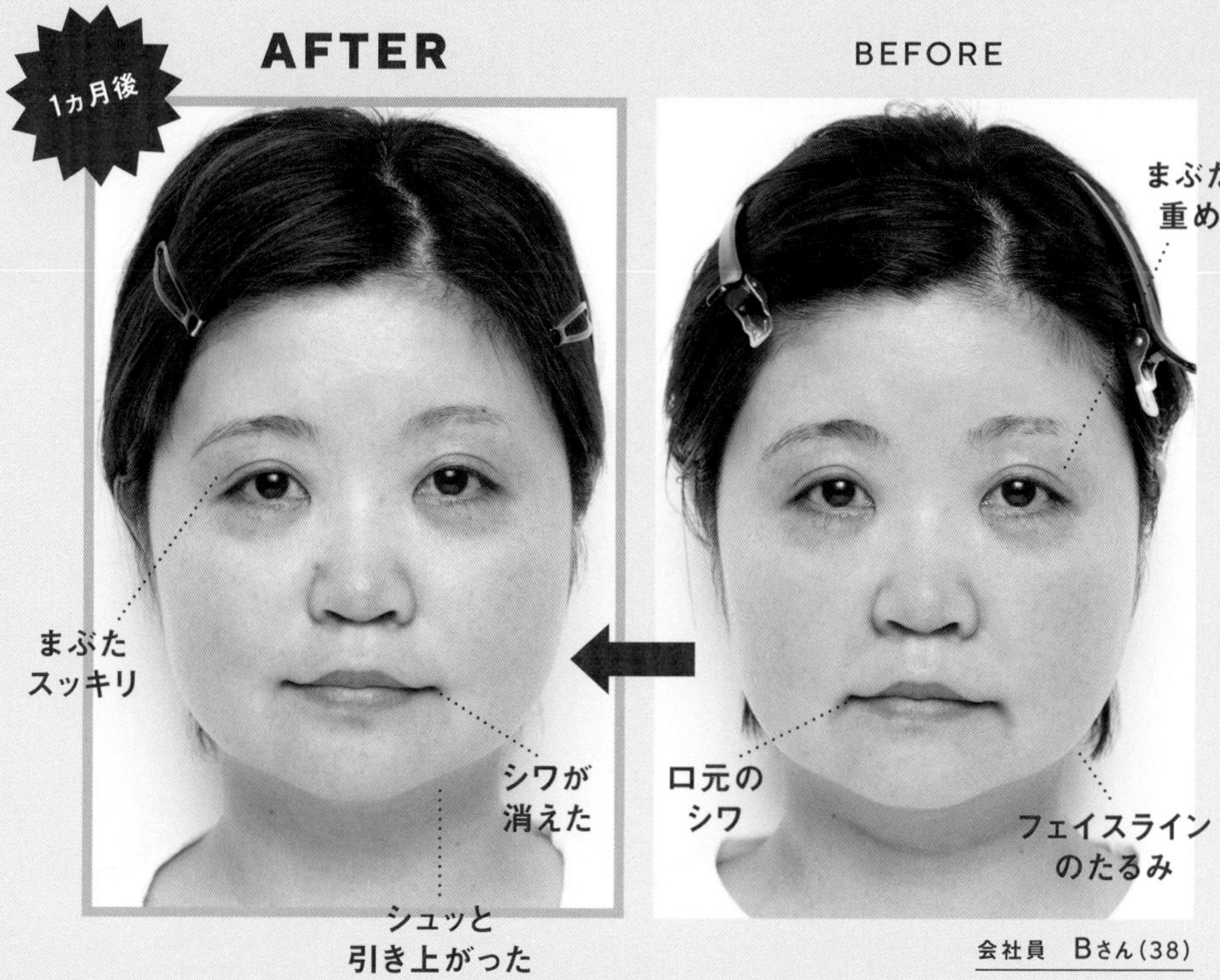

会社員　Bさん(38)

口輪筋がつかえていなかったことを、痛感!

たるみが改善して小顔に。顔全体が引き上がった!

「肌アイロン」を続けて1週間をすぎた頃から、頬や口元のもたつきが軽くなったのを実感。さらに赤みが減り、肌の調子が安定。「口輪筋トレ」は最初難しく感じたけれど、次第に動かせるようになり、フェイスラインが変わるほど効果てきめん!

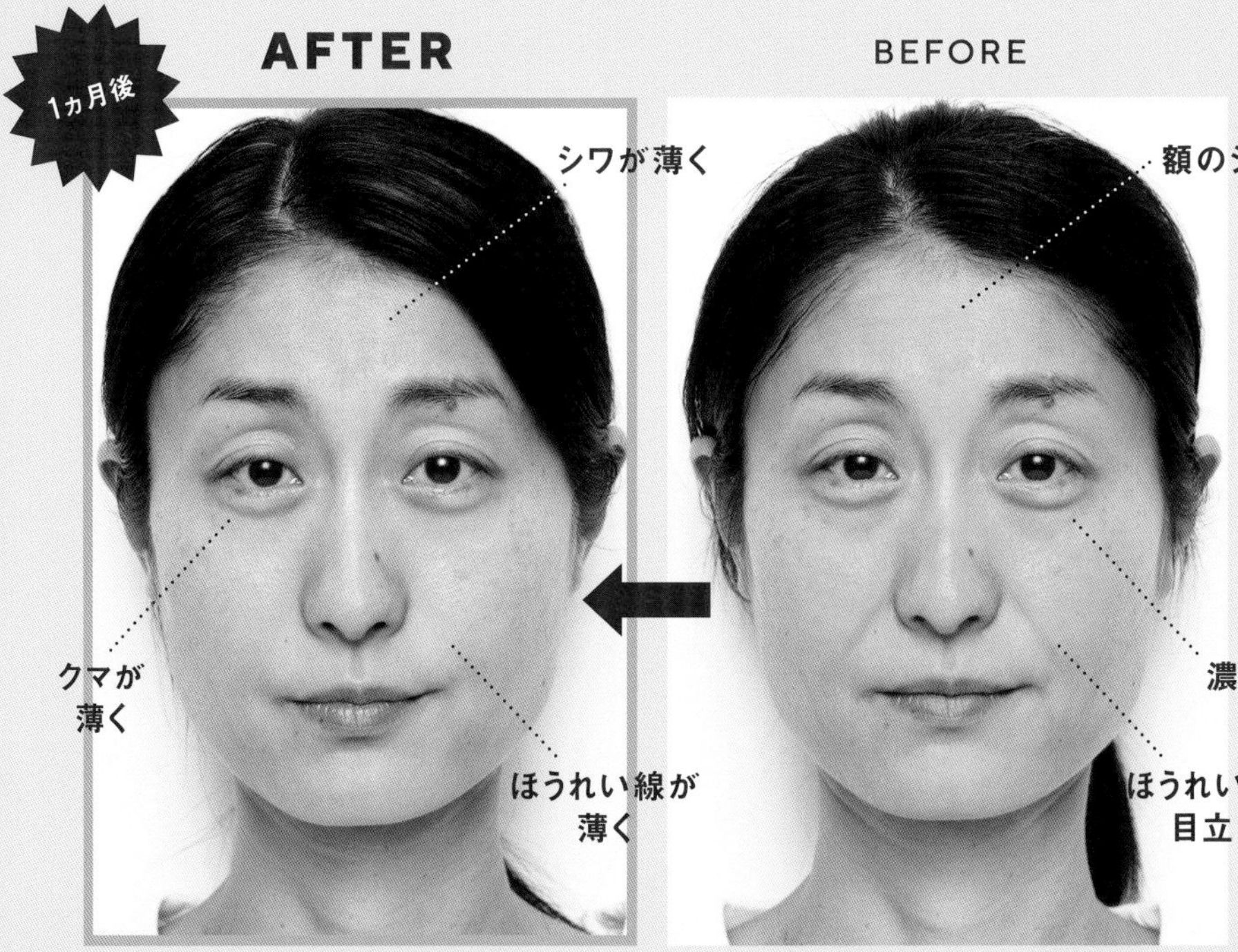

主婦　Sさん(43)

鏡をちゃんと見て、シワがよらないように意識

ほうれい線も額のシワもクマもうすくなった!　小顔効果も

「にっこり固め」をしていると疲労感があり、小顔効果を実感。鏡を見るように意識して、目尻にシワをよせやすいというクセにも気づくことができた。ほうれい線にのっていたもたつきが減り、さらに額のシワも減って、目の下のたるみもクマも改善。

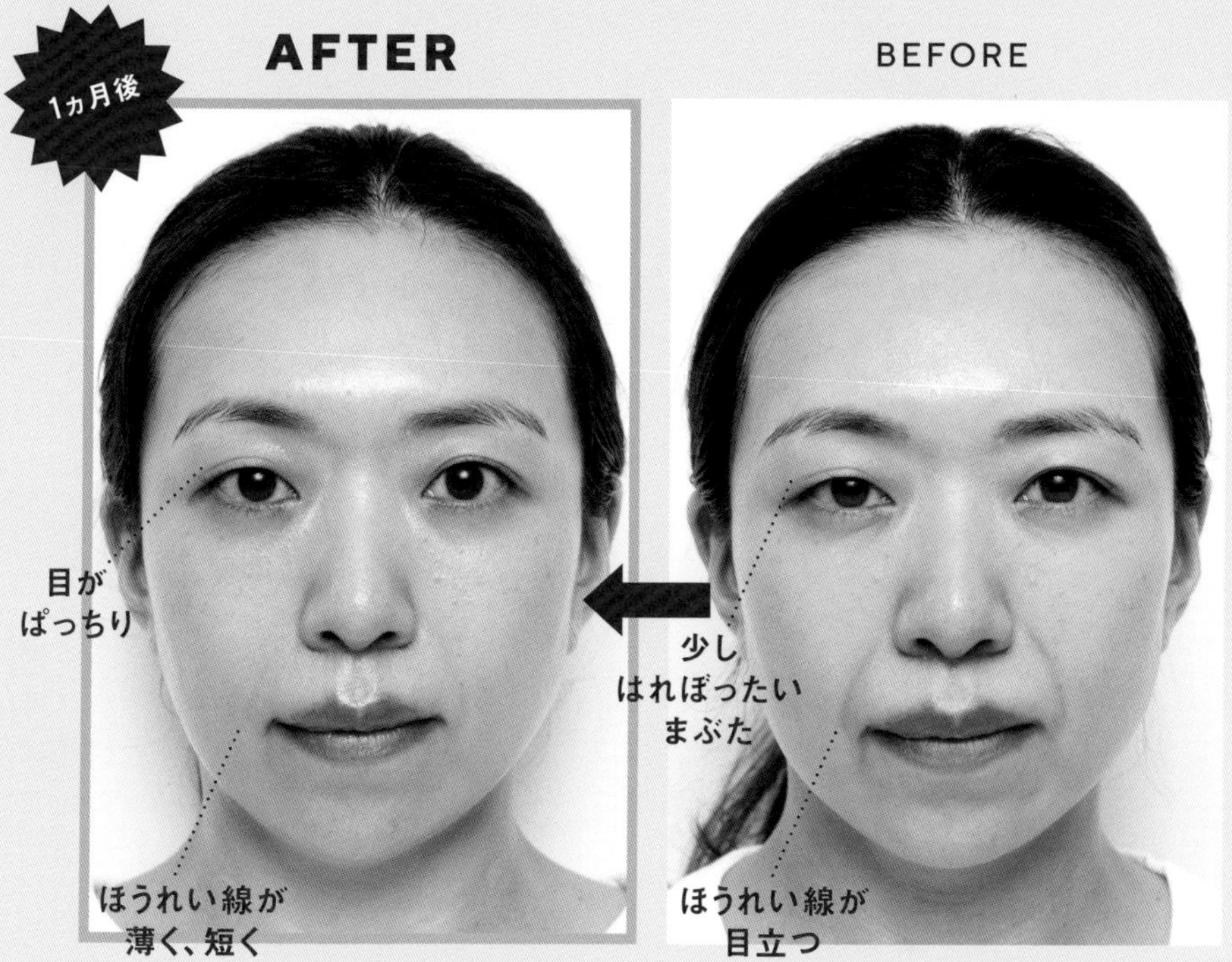

会社員　Mさん(40)

「肌アイロン」と「ほうれい線ほぐし」を続けた結果……

目が開いてぱっちり！
ほうれい線も薄く短く目立たなく

毎日欠かさず「肌アイロン」！　目元はアイクリームを塗りながら行った結果、まぶたのはれぼったさが解消。明らかに目が大きくなったのを実感できるほどに。「ほうれい線ほぐし」は、最初かなり痛かったものの、続けていたら、どんどんほうれい線が薄くなった。

BEAUTY LESSON

第6章

頭皮もボディも「こすらない」

頭皮も摩擦で老化します

強くこすると炎症が起こり、老化が加速するのは頭皮も同じ。老化するとうねって生えてきたり、白髪になったり、途中で切れたり。そもそも生えにくくなり、抜けやすくなることで薄毛になる可能性も。とはいえ、摩擦を気にしてよく洗えないのは問題です。健やかな髪のためには、地肌を動かすように洗って、頭皮の毛穴汚れをしっかり落とす必要があります。頭皮が傷つくので、爪を立てて洗ったり、硬いブラシを使ったりせず、指の腹でまんべんなく揉むように洗うのが正解。また予洗いすることで、少量のシャンプーでもスピーディに泡立ち、シャンプー時の余分な摩擦を減らせて、頭皮のダメージまで軽減できます。

1　シャンプー前にブラッシング！そして、顔が疲れたときにも

髪が乾いた状態で生え際から頭頂部に向かってブラッシングを。頭皮や髪についた汚れが浮き上がるので、ゴシゴシせずともシャンプーが泡立ちやすくなります。また、頭皮とともに顔の血流や巡りもよくなるため、疲れると目立ってくる、くすみやたるみの解消にも。

アッカ カッパ
プロテクション
ソフトタッチ ヘアブラシ
947
¥6600／アッカ カッパ
東京ミッドタウン日比谷

独自のナイロンループは細めで、柔らかく繊細な肌あたりを実現。心地よく頭皮を刺激できる。

ジョヴァンニ
スリーキーブラシ 2020
¥3300／コスメキッチン

天然の猪毛がくせ毛もキャッチ。水分や油分を与え、からまりをほどき、汚れを取れやすくする。

2　「シャンプー前の予洗い」で頭皮の摩擦を減らします

シャンプーの前に髪とともに頭皮までしっかり濡らしておくのがポイント。髪をかきあげながら、シャワーが頭皮全体に行き渡るように長めにあてましょう。汚れが落ち、その後のシャンプーの泡立ちがスムーズに。

リファ
リファファインバブル ピュア ホワイト
¥30000、
リファピュア カートリッジ ¥2500／MTG

ファインバブル効果で毛穴汚れがすっきり。シャンプーの泡立ちがよくなるうえ、カートリッジで塩素も低減できる。

スカルプブラシで
頭皮をしっかり
動かしましょう

ロクシタン
薬用 メディカル
アンチヘアロスセラム
〈医薬部外品〉
50ml ￥5720／
ロクシタンジャポン

（モデル使用）
マペペ
リラクシング スカルプケアブラシ
￥1320／シャンティ

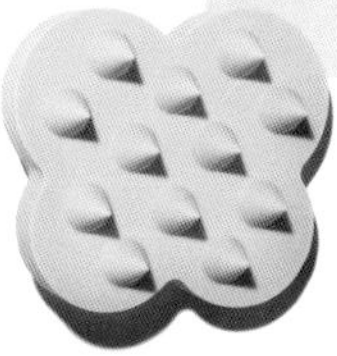

uka
スカルプブラシ
ケンザン ミディアム
ウカストアゲンテイ
シブヤイエロー
￥2420（一部店舗限定）
／uka Tokyo
head office

3 スカルプブラシで頭皮ケア

シャンプーのとき、基本は指で洗いますが、よりしっかり洗いたい場合はスカルプブラシを使います。頭皮に垂直にあてて軽くゆらし、地肌を動かすのがポイント。また、お風呂上がりには頭皮用のオイルや美容液をなじませ、スカルプブラシでマッサージ。顔のたるみ軽減にもつながります。スカルプブラシはプラスチック製など硬すぎるものを避け、弾力のある素材がおすすめです。

身体を手で洗うようになって〝粉ふきいもボディ〟を卒業

「こすらない」を意識して顔の肌の質感が変わり始めた結果、気になり出したのがボディとの違い。膝下は粉がふき、二の腕はブツブツ……。そこでボディブラシやナイロンタオルで洗うのをやめ、たっぷりの泡を手ですべらせて洗うようにしたところ、粉ふき、ブツブツ、くすみが改善！　顔とボディの肌の質感がそろってきました。

1　下着のこすれでイボとシミが!

バストのサイズに左右差があり、ブラジャーが片側だけゆるくパカパカとズレる状態を放置した結果、くすんでシミができ、ポツポツとイボまで！　今はぴったり身体にそうようにパッドなどで微調整。ショーツもシームレスで幅広のものにするなど摩擦の起きにくいものを選んでいます。

2　枕カバーはシルクが理想です

意外と摩擦が起こるのが就寝中。寝返りをうったり、横向きになったりしたときに枕でこすってしまうのです。だから枕カバーは摩擦が少ないなシルクがベストで、なめらかなコットンもおすすめ。こまめに取り替えることを考えるとタオルでカバーしがちですが、毛足が長くこすれやすいので避けましょう。

3　あご下クッション、横向き寝でニキビが!

あご下が特にザラザラするという方、ソファや床に寝転がるとき、あご下にクッションを置いてスマホを見ていたりしませんか？　顔の片側だけニキビができていたり、くすみや赤みなどの色ムラが目立っていたりする人は、横向きでゴロゴロしていませんか？　どちらもこすることになるため、要注意です。

おわりに

鏡を見ながら「皮膚が動いていないか」チェック まず、ここから始めましょう

私の肌を支える「こすらない美容」について、すべてをお伝えしましたが、大前提として守っていただきたいのが、肌に触れるときは必ず鏡を見ること。鏡を見ないと、身に染みついた今までの手つきで無意識にケアしがちで、肌が動いていても気づけません。スキンケアはもちろん、メイクや「肌アイロン」をするときも、美顔器をあてるときも同じ。鏡を見ていれば、こするのを防げます。くり返しになりますが、大切なのはいかに「こする」回数を減らし、「こすらない」機会を増やすか。そのために一番有効なのが鏡を見ることなのです。

Message from Miho Ishii

肌の美しさや健やかさは、生まれつきのもの、
エイジングは、時間の流れとともに避けられないもの。
そう思ってあきらめている方がとても多いと感じています。
でも実は、肌トラブルや老化サインは肌を強くこすることで
“自分”で引き起こしていることでもあるのです。
「こすらない」ただそれだけで美肌をあきらめなくてすむ。
そして、それは誰でも、何歳からでもできること。
私が20年近くサロンワークでさまざまなお客様を見てきて、
また美容家としてたくさんの方々のお悩みに耳を傾ける中で
確信できたことです。この本は、直接お目にかかれていない
お肌に悩む方々のお役にも立ちたい、そう思ってつくりました。
日々のこする行為をひとつでもふたつでもなくしていくと、
トラブルが起きにくい肌になります。そしてそれが
エイジングを最小限にとどめることにつながるなら、
やらない手はないですよね。
肌にていねいにふれることは自分を大切に扱うこと。
結果がでれば自分自身を好きになれて、
いつしか気持ちのあり方まで変えてくれます。
この一冊を通して、一人でも多くの方が
笑顔になれることを祈っています。

SHOP LIST (COSME)

RMK Division	0120-988-271
アィティーオー	04-7170-0825
アッカ カッパ 東京ミッドタウン日比谷	03-6205-7648
アルビオン	0120-114-225
ISHIIMIHO.COM	03-6435-0113
井田ラボラトリーズ	0120-44-1184
uka Tokyo head office	03-5843-0429
エテュセ	0120-074-316
エトヴォス	0120-0477-80
MTG	0120-467-222
エリクシール お客さま窓口	0120-770-933
花王(SOFINA iP)	0120-165-691
カネボウインターナショナルDiv.	0120-518-520
カネボウ化粧品	0120-518-520
カバーマーク　カスタマーセンター	0120-117-133
クラランス カスタマーケア	050-3198-9361
クレ・ド・ポー ボーテ お客さま窓口	0120-86-1982
ゲランお客様窓口	0120-140-677
コスメキッチン	03-5774-5565
コスメデコルテ	0120-763-325
SISI カスタマーサポート	03-6555-4575
SHISEIDO お客さま窓口	0120-587-289
シャンティ	0120-56-1114
シュウ ウエムラ	0120-694-666
SUQQU	0120-988-761
THREE	0120-898-003
ディー・アップ	03-3479-8031
ドクターシーラボ	0120-371-217
NAOS JAPAN ビオデルマ事業部	0120-074-464
浪華パフ	072-982-1307
白十字 お客様相談室	0120-01-8910
パラドゥカスタマーセンター	0120-335413
ファンケル 美容相談室	0120-35-2222
LOOP blue	info@yukitakeshima.com
Rainmakers	0120-500-353
ロージーローザ	0120-253-001
ロート製薬 コミュニケーションコール(オバジ)	0120-234-610
ロクシタンジャポン カスタマーサービス	0570-66-6940

FASHION CREDIT

【 表紙,p3-5,7,9,15,27,31,38,50,70,86,95,109 】
ブラウス¥104500
スカート¥143000／メゾン・ディセット（プルーン ゴールドシュミット）
ピアス¥429000／カシケイ(TOMOKO KODERA)

【 p16 】
トップス／スタイリスト私物
ピアス¥231000／ベルシオラ

【 p91,93 】
ニット¥47300／フィルム（コルコバード）
ピアス¥264000／カシケイ（カシケイブラウンダイヤモンド）

【 p121-125 】
ワンピース、シューズ／スタイリスト私物
ピアス¥85800／マリハ

SHOP LIST (FASHION)

カシケイ（カシケイブラウンダイヤモンド）	0120-278-857
カシケイ（TOMOKO KODERA）	0120-106-503
フィルム（コルコバード）	03-5413-4141
ベルシオラ	0800-500-5000
マリハ	03-6459-2572
メゾン・ディセット（プルーン ゴールドシュミット）	03-3470-2100

※2024年6月時点の情報です
※紹介している商品の価格は、消費税を含んだ金額です

石井美保

Miho Ishii

1976年生まれ。トータルビューティサロン「Riche」のオーナーかつ人気美容家として、美容誌をはじめ各メディアで活躍中。根っからのコスメオタクで、スキンケア・メイクを問わず幅広くコスメに精通。独自の「こすらないスキンケアメソッド」を提唱し、赤み・ニキビ・シワ・たるみ・毛穴など、これまでに約2000人の肌悩みを改善してきた。その透明感あふれる美肌は、あらゆる世代の女性の憧れを集め、著書『一週間であなたの肌は変わります』はベストセラーに。フォロワーと積極的にコミュニケーションをとるインスタライブも話題で、フォロワーは31.6万人（2024年6月時点）。

Instagram:@miho_ishii

スキンケアで肌《はだ》を毎日《まいにち》いためていませんか?

こすらなければ、美《び》肌《はだ》

特《とく》別《べつ》版《ばん》

2024年6月21日　第1刷発行
2024年6月22日　第2刷発行

著者	石井美保《いしいみほ》
発行者	清田則子
発行所	株式会社　講談社 〒112-8001 東京都文京区音羽2-12-21 編集　03-5395-3469 販売　03-5395-3606 業務　03-5395-3615
印刷所	大日本印刷株式会社
製本所	大口製本印刷株式会社

KODANSHA

127p 21cm ISBN 978-4-06-535653-1

STAFF

PHOTOGRAPHS	中村和孝（石井さん） 岩谷優一（vale.／上西さん） 藤本康介（静物撮影） 伊藤泰寛（人物撮影） 市谷明美（本社写真映像部／静物撮影） 日下部真紀、安田光優 （本社写真映像部／人物撮影）
HAIR	大野朋香（air／石井さん）
HAIR & MAKE-UP	小澤桜（MAKEUPBOX／上西さん）
STYLING	後藤仁子
MODEL	上西星来
ART DIRECTION	松浦周作（mashroom design）
DESIGN	堀川あゆみ（mashroom design） 青山奈津美（mashroom design）
ILLUSTRATION	本田佳世
TEXT	楢﨑裕美
MANAGEMENT	長井佳梨（beautéste）